삶을 바꾸는 하루 첫 생각

삶을 바꾸는 하루 첫 생각

매일의 **감사 루틴**이 만든 두 **번째** 인생

초 판 1쇄 2025년 11월 06일

지은이 박선영, 오혜란, 설보영, 고현숙, 배영선, 김근아, 김장희, 박혜란, 이미주, 오승하
펴낸이 류종렬

펴낸곳 미다스북스
본부장 임종익
편집장 이다경, 김가영
디자인 임인영, 윤가희
책임진행 김요섭, 이예나, 안채원, 김은진, 국소리

등록 2001년 3월 21일 제2001-000040호
주소 서울시 마포구 양화로 133 서교타워 711호
전화 02) 322-7802~3
팩스 02) 6007-1845
블로그 http://blog.naver.com/midasbooks
전자주소 midasbooks@hanmail.net
페이스북 https://www.facebook.com/midasbooks425
인스타그램 https://www.instagram.com/midasbooks

ⓒ 박선영, 오혜란, 설보영, 고현숙, 배영선, 김근아, 김장희, 박혜란, 이미주, 오승하, 미다스북스 2025, Printed in Korea.

ISBN 979-11-7355-568-8 03810

값 19,500원

※ 파본은 구입하신 서점에서 교환해드립니다.
※ 이 책에 실린 모든 콘텐츠는 미다스북스가 저작권자와의 계약에 따라 발행한 것이므로 인용하시거나 참고하실 경우 반드시 본사의 허락을 받으셔야 합니다.

미다스북스는 다음세대에게 필요한 지혜와 교양을 생각합니다.

매일의 감사 루틴이 만든 두 번째 인생

삶을 바꾸는
하루 첫 생각

박선영　김근아

오혜란　김장희

설보영　박혜란

고현숙　이미주

배영선　오승하

미다스북스

들어가는 글

"삶의 고난을 짐으로만 바라볼 것인가, 아니면 감사라는 빛으로 전환할 것인가?" 이번 책은 단순히 글을 모은 공저 결과물이 아니었습니다. 우리 부모 세대가 남긴 이야기를 되새기고, 우리 자녀 세대가 맞이할 삶을 생각하며 집필했습니다. 서툴고 미완의 문장들을 함께 다듬으며, 부모의 애잔한 사랑을 느끼기도 했고, 그 사랑 덕에 지금의 우리가 존재한다는 깨달음을 얻는 과정이었습니다.

때로는 힘겨웠고, 때로는 막막했지만, 서로의 글을 세공하며 발견한 것은 바로 '빛'이었습니다. 누군가의 고단한 삶이 문장 속에서 빛을 발했습니다. 글 쓰는 여정 속에서 가장 크게 느낀 것은 '감사'였습니다. 부모 세대는 우리를 위해 헌신의 감사, 자녀 세대를 통해 도전에 대한 감사, 그리고 지금, 순간에도 서로의 삶을 빛으로 바꾸어 성장하고 있는 동료들에 대한 감사입니다.

우리가 쌓아 올린 이 빛은 더는 무거운 짐으로 후손에게 남겨지지 않을 것입니다. 오히려 그들에게는 새로운 가능성의 문이자, 한 세대가 온 힘을 다해 남겨 준 따뜻한 자산이 될 것입니다. 이 책에는 10인의 삶이 감사로 다시 써 내려간 이야기가 담겨 있습니다. 그들은 모두 감사일기라는 작은 루틴을 통해 삶의 방향을 바꾸고, 무너진 자리에서 다시 일어선 사람들입니다.

동화책 읽는 피카소 박선영 작가는 엄마의 부재와 아빠의 병환 속에서 원망을 감사로 바꾸며, 삶을 동화책처럼 다시 그려낸 작가입니다. 꾸리는 책 배기 오혜란 작가는 약한 몸과 무기력한 삶 속에서 감사일기로 삶의 주도권을 되찾아 신나는 주부이자 아내 엄마로 새롭게 서 있습니다. 설담온 설보영 작가는 작은 감사 습관을 통해 서툴지만, 아들을 사랑하는 마음을 표현하며, 공동체 속에서 부모로 성장을 경험했습니다. 수퍼 23 고현숙 작가는 간암이라는 고난 앞에서 감사일기와 가족의 사랑으로 빛을 발견하고, 영어 강사로 두 번째 인생을 열었습니다. 생글이 배영선 작가는 권고사직 이후 무너진 자존감을 감사와 글쓰기로 회복하며, 생생한 글쓰기 작가로 삶을 다시 디자인하고 있습니다. 품격 있는 리더 김근아 작가는 성과 중심의 삶을 내려놓고 감사와 품격으로 공동체적 리더십을 세우고 디지털 노마드의 길을 꿈꾸고 있습니다. 고로고로 김장희 작가는 네 번의 수술과 비혼의 고독을 감사와 도반들의 애정으로 극복하며, 바른 먹거리와 운동을 통해 균형 있는 삶을 살아가고 있습니다. 온새미로 박혜란 작가는 자존감을 회복하고 빚을 청산하며, 1년 동안 1천6백만 원의 저축과 투자를 통해 삶을 회복하고 부모에 대한 사랑을 표현한 작가입니다. 이루다 이미주 작가는 싱글 맘으로 남편의 도박 빚과 신장암 수술을 이겨내고, 마라톤 완주와 사업으로 선한 영향력을 나누는 작가입니다. 마지막으로 마인드 코치 빅맘 오승하 작가는 "그 시절의 고통이 지금의 나를 만들었다."는 고백으로 아홉 명의 이야기를 하나의 공동체 버전으로 집필하고 작업을 했습니다.

〈빅맘 위즈덤 스쿨〉은 독서모임인 〈빅맘의 북테라피〉, 책을 적용하는 〈빅맘과 함께 하는 부자습관 챌린지〉, 글로 자신을 성장 브랜딩하는 〈승하 책방〉으로 구성되어 있습니다. 이 과정은 〈빅맘의 북테라피〉 과정 중, 감사일기로 시작해 〈빅맘과 함께하는 부자습관 챌린지〉를 적용하고 성장을 통해 〈승하 책방〉에서 자신의 경험을 글로 담아 세상을 이롭게 한다는 실천편 책쓰기 모임입니다.

이 책은 단순한 성장 이야기가 아닙니다. 감사로 삶을 새롭게 디자인한 진짜 사람들의 기록입니다. 4060 세대가 겪은 고난과 회복, 그리고 두 번째 인생을 열어가는 과정을 통해 독자들에게 작은 감사가 어떻게 삶의 방향을 바꾸는 나침판이 되는지 이야기했습니다. 자신의 삶 속에서 자칫 희망을 잃고 방황할 수 있는 순간에 감사일기가 어떻게 삶의 방향을 만들고 작은 빛이 희망으로 변화되는지 과정을 담았습니다. 도반(함께 공부하는 친구)과 함께할 때 얼마나 멀리 갈 수 있는지 보이는 이야기입니다. 아프리카 속담에 "혼자 가면 빨리 가지만, 함께 가면 멀리 간다."라는 내용을 삶에서 적용하며 보여준 공동체 삶의 표본이 되었습니다. 감사가 결국 삶을 회복시키는 가장 큰 자산임을 증명한 내용입니다.

　글을 다듬고 세공하는 내내 작가들의 삶이 아름답게 느껴졌습니다. 평범한 보통의 사람들이 부모의 사랑을 통해 다양하게 성장할 수 있는 가치와 힘을 받을 수 있었습니다. "감사는 우리가 가진 것을 충분하게 만들고, 삶을 기적으로 바꾼다." 미국 심리학 저자로 유명한 멜로디 비티의 말입니다. 감사는 우리가 가진 것을 풍요롭게 만들어 주고 결국 삶을 기적으로 바꾼 내용이 이 책 안에서 생생하게 살아서 움직이고 있습니다. 독자들이 책을 읽는 내내 감사의 충만함을 느끼신다면 10인의 글이 누군가의 삶을 회복시키는 힘을 전해주었다 감사하다고 생각할 것입니다.

　"행복한 사람이 감사하는 게 아니다. 감사할 줄 아는 사람이 행복한 사람이다." 철학자 프랜시스 베이컨의 말입니다. 감사는 상황에서 오는 기분이 아니라, 상황과 별개로 유지할 수 있는 태도입니다. 모든 변화의 시작은 인생의 진실을 직시하는 것으로부터 시작됩니다. 한때 상처를 줄 수 있는 말을 조언이라고 이야기했습니다. 건넬 때 용기가 필요했습니다. 하지만, 그들의 마음에 있는 강한 힘을 믿었고, 이곳까지 함께 올 수 있었음을 감사하게 생각합니다. 용기를 내서 진심을 담아 소통한 순간들을 좋은 방향으로 선택해 주셔서 감사합니다.

이 책은 고난을 짐으로만 보던 눈을 인생의 새로운 전환점으로 바꾸게 하는 가능성 있는 여정을 이야기했습니다. 모든 과정이 수월하지는 않았습니다. 때로는 지나온 과정을 통해 마음이 아프기도 했고, 마주하는 내내 떨리기도 했습니다. 아픔을 인정하기까지 용기가 필요하기도 했습니다. 모두가 작업하는 내내 두려움을 설렘이라는 단어로 교체하며 마음을 단단하게 잡고, 집필했습니다.

무더운 여름날에도 집필하는 내내 인생의 한낮 무더위 속을 거닐며, 성장해 나갔습니다. 한때 내리던 시원한 소나기처럼 우리의 영혼을 씻겨주는 축복도 느꼈습니다. 감사를 통해 작가 개개인이 단단해짐을 보았습니다. 우리의 삶에서 얻은 희망의 빛이 세상에도 따스한 가을 햇살처럼 풍요로 왔으면 합니다. 무더운 날 땡볕에서 익어가는 과일이 폭풍우를 지나 풍요롭게 익어가듯, 감사의 열매는 삶을 풍요롭게 만들어 주고 순간 모든 일이 감사했다 전합니다. 한여름 속 감사가 삶을 풍요롭게 만들어 주었습니다.

들어가는 글   004

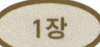

원망에서 감사로,
삶의 그림을 다시 그리다

동화책 읽는 피카소 박선영

|1| 엄마의 빈자리 감사로 채운 마음   015
|2| 책과 감사일기가 건넨 두 번째 위로   021
|3| 원망을 예술로 바꾼 감사의 힘   26
|4| 삶을 동화책처럼 다시 쓰다   31

무기력에서 감사로,
삶의 주도권을 되찾다

꾸리는 책배기 오혜란

|1| 약한 몸을 지탱해 준 감사의 힘   41
|2| 일상의 작은 루틴이 준 활력   46
|3| 무기력 대신 주도권을 택하다   52
|4| 감사로 신나는 주부, 아내, 엄마가 되다   57

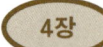

작은 습관에서 감사로,
사랑을 온전히 표현하다

설담온 설보영

| 1 | 일상의 사소한 감사로 기록하다   067
| 2 | 아들을 향한 사랑을 글로 표현하다   074
| 3 | 공동체가 키워준 부모의 성장   080
| 4 | 감사가 관계를 깊게 만든다   086

질병도 감사로,
회복의 길을 연다

수퍼 23 고현숙

| 1 | 다시 살아난 삶 따스한 손 잡으며 성장하다   097
| 2 | 독서와 감사로 성장하는 삶   104
| 3 | 〈빅맘 위즈덤 스쿨〉이 가르쳐 준 삶의 빛   111
| 4 | 따스한 손을 내미는, 고 작가의 삶   118

자존감 상실에서 감사로,
자신감을 다시 세우다

생글이 배영선

| 1 | 감사로 다시 세운 나의 목소리   129
| 2 | 무너진 자존감을 감사로 붙들다   134
| 3 | 생생한 글쓰기로 삶을 새롭게 쓰다   140
| 4 | 감사가 자신감을 디자인하다   146

성과에서 감사로,
품격의 리더십을 세우다

품격 있는 리더 김근아

1	성과보다 품격을 선택하다	157
2	고난은 삶의 방향을 전환시키는 나침반이다	163
3	혼자가 아니라 함께하는 길	170
4	디지털 노마드로 꿈꾸는 두 번째 인생	174

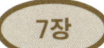

인연에서 감사로,
균형을 이루다

고로고로 김장희

1	인연이 가져온 감사의 균형	183
2	균열을 알린 건강의 위기	188
3	감사일기는 삶에 새로운 의미를 부여해 준다	194
4	네 번의 수술, 선택한 가족이 준 희망	200

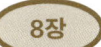

빚에서 감사로,
성취와 사랑을 이루다

온새미로 박혜란

1	자존감과 감사로 세운 1천6백만 원의 기적	211
2	빚을 갚고, 삶을 다시 세우다	217
3	내 삶의 주인이 되어 살아가는 일상	222
4	아버지의 사랑을 깨닫다	227

세 명의 귀인과 감사로
인생을 새롭게 달리다

이루다 이미주

1	싱글 맘, 나를 키운 사랑의 시간	237
2	솜사탕 같은 말, 나를 구한 빛	243
3	세 명의 귀인, 세 번의 감사	248
4	내 인생 봄날	252

혼자 하는 감사에서,
함께 성장하는 길을 열다

마인드 코치 빅맘 오승하

1	고통이 감사로 빚어낸 힘	263
2	나다움을 찾게 하는 글쓰기 '승하 책방'	269
3	감사가 문해력을 만나다	276
4	매일의 기적을 경험하다	282

마치는 글　　　　　　　　　　　　291

1장

원망에서 감사로,
삶의 그림을 다시 그리다

동화책 읽는 피카소 박선영

"자녀들 덕분에 오늘도 희망으로 그림을 그린다."

| 1 |

엄마의 빈자리 감사로 채운 마음

"깨달은 사람은 결핍이 아니라 성장이라는 동력으로 움직입니다."
- 웨인 다이어

비가 온다. 유리창에 빗소리가 22년 전 혜인사 미타원 납골당으로, 나를 데려갔다. 뜨거운 불길 앞에 서 있다. 5월의 뜨거운 햇살도 잊은 채 그저 타들어 가는 엄마의 유품들을 바라보고 있다. 저승 가시는 길에 입고 가실 옷이라 고르고 골랐다. 마지막 생일 선물로 드린 숄도 챙겼다. 하지만 고른 옷과 숄은 그곳에 없다.

엄마가 위암 수술을 받은 후 엄마랑 나랑 언니랑 셋이서 백화점에 갔다. 처음으로 엄마의 지갑이 자신을 위해 활짝 열렸다. 아끼고 모으고 가족들과 지인들을 위해 베풀던 엄마는 그날 자신을 위한 소비를 했다. 신기했다. 진열된 옷들 중 가볍고 화사한 코트를 고르셨다. 가격은 크게 상관하지 않고, 언니와 내 차례까지 지갑은 아낌없이 열렸다. 덕분에 나와 언니도 맘에 드는 코트를 선물 받았다. 그날 산 엄마의 코트는 자주 외출도 못 하고 장

롱에 걸려 있었다.

　속상했다. 아빠와의 38년 결혼 생활 속 엄마는 며느리, 아내, 엄마, 작은 엄마와 외숙모 역할까지 열심히 살았지만, 정작 자신을 위해 산 시간이 거의 없다. 우리 가족 외 시댁 식구 일로 많은 일을 하셨다. 작은고모 이혼 후 우리 언니와 동갑인 조카를 다섯 살까지 키웠다. 큰아버지가 40대 초 심장마비로 갑자기 세상을 떠나신 후 공부 잘한다는 큰집 둘째 오빠를 고3까지 뒷바라지했다. 네 명의 아이를 위해 매일 도시락 6개를 준비해야 했다. 할머니를 평생 혼자 모셨다. 고단한 시집살이 종지부를 위암으로 찍었다. 위암 절제 수술과 스물여덟 번의 항암 치료를 하며 3년 동안 암과의 전쟁을 치렀다. 그때의 엄마 보호자는 2남 2녀 중 첫째인 언니였고, 돌아가시기 전 3개월은 막내딸인 내가 되었다. 스물여덟 살 미혼인 나는 퇴사와 함께 그해 2월 우리 엄마의 보호자가 되었다.

　타닥타닥 소리와 함께 엄마의 흔적이 사라질 것만 같은 허탈함으로 다시 눈을 크게 뜨고 바라본다. 코트는 보내지 못했다. 아깝다고 하시며 작은고모가 지인게 나눈다고 챙겼다. 내가 고르고 고른 옷을 말이다. 결국, 엄마는 코트 하나 없이 가셨다. 5월 꽃들이 유난히 예쁘게 피었다. 예쁘게 핀 꽃들을 바라보며 엄마와 꽃 나들이 가고 싶었다. 봄 마지막 외출은 자동차에서 보는 풍경으로 만족했다. 따스한 봄날 가셨으니 추위에 떨고 계시진 않겠지 생각 들었다. 창문에 부딪히는 빗소리가 엄마를 그립게 했다.

전화벨이 울린다. 아빠다. 내가 '여보세요' 하면 아플 때 목소리는, 밥솥에 뜸 들이듯 천천히 말씀하시고, 평상시 목소리는 씩씩하시다. 다행히 오늘은 힘찬 목소리가 들린다. 비가 오니 아이스크림 20개를 배달해 달라고 하신다. 내가 아이스크림 무인 매장 오픈한 후, 최고의 매출을 올려준 사람은 아빠다. 노인 복지관, 아파트 단지 내 경로당에서 아이스크림 주문을 하는 건 아빠 담당이다. 주로 아빠가 직접 사지만, 비가 오거나 궂은 날씨에는 내가 배달해 드린다. 겸사겸사 아빠 얼굴도 살펴본다. 오늘 컨디션이 좋아 보이셨다.

아빠는 엄마랑 사별 후 10개월 만에 재혼하셨다. 아빠의 재혼을 가장 좋아했던 사람은 당사자 두 분을 제외하고는 나였다. 만삭으로 아빠네 집 살림을 했다. 힘들 때쯤 아빠는 재혼을 결정하셨다. 나는 엄마가 돌아가시기 전 지금의 남편과 상견례를 하고 2주 만에 급하게 결혼했다. 모든 결혼 준비는 언니가 해 주었고 나는 야외 촬영을 포함해 세 번의 외출로 결혼 준비를 완료했다. 급하게 결혼을 결정한 이유는 엄마께 결혼으로 행복하게 잘 사는 모습을 보여드리고 싶었다. 엄마 없는 집에 아빠랑 둘이 살 자신이 없었다. 17년의 재혼은 아빠가 심근 경색으로 쓰러지신 후 마침표를 찍었다. 한 번도 아빠랑 산다는 생각 안 했다. 아빠랑 살기 싫어 결혼도 급하게 했는데 아빠는 전세로 이사한다며 나에게 집을 알아보라고 하셨다. 새어머니와 함께 살 집을 말이다. 가족과 의논 없이 이사 오신다는 아빠가 어처구니가 없었지만, 나는 이미 전세를 알아보고 있다. 그렇게 이사가 결정되었다.

1장 원망에서 감사로, 삶의 그림을 다시 그리다

이사 전날 응급실이라고 새엄마에게 연락이 왔다. 아버지는 반쪽 마비 상태로 입원하셨다. 그날 아침 이삿짐이 도착했다. 새어머니의 흔적은 없었다. 본인 짐을 모두 정리 후, 결국 이사는 주인 없이 살림살이만 왔다. 그것도 아빠 짐만 말이다. 엄마가 돌아가시고 18년 만에 나는 다시 아빠 보호자로 응급실에 있다. 건강한 아빠가 우리 집 근처로 이사 오시는 것도 부담되고 싫은데, 난 아빠의 보호자로 불편한 동거인이 되었다. 무엇이 잘못되었다는 것을 알았지만, 어디서부터 손을 써야될지 막막했다.

아빠가 퇴원하는 날 둘째는 자기 방을 빌려 드렸다. 기약도 없는 아버지와 동거가 시작되었다. 아이들에게 할아버지가 아프시니, 이해해 달라고 했다. 다행이라고 해야될까 아빠의 회복 속도는 기적처럼 빨랐고 처음에 불가능한 대화는 3일 만에 간단한 소통이 가능해졌다. 혼자서 화장실도 다닐 수 있게 되었다. 이삿짐이 도착하고 20일 만에 아빠의 독거노인 생활이 시작되었다. 당시 아빠와 대화만 가능한 상태였고, 살림 능력이 초등학교 1학년 수준이었다. 밥도 빨래도 전자 제품은 물론, 일상의 생활 상식 대화가 불가능했다. 한 번도 해 본 적이 없기 때문이었다. 아이를 가르치듯 처음부터 하나씩 가르쳐 드렸다. 아이들은 몇 번 반복하면 할 수 있는 것들을 아빠는 열 번 이상 알려 드려야 했다. 반찬은 내가 해 드려도 밥하는 것은 아빠 몫이라고 했지만, 오른쪽 뇌가 다친 상태라 완벽히 예전으로 돌아갈 수 없다고 했다. 전기밥솥으로 밥을 하는 연습도, 여러 번 시행착오를 거듭했다. 글을 읽고 누르면 되는데 아빠의 방식은 조금 달랐다. 오른쪽 세 번째 버튼을 두 번 누르면 밥이 된다고 알려 드려야 했다. 일상의 모든 반복되는 전자 제품과 싸워야 했다. 삶이 버겁다. 병원 진료와 응급 상황들, 코로나19가 퍼질수록 점점 지쳐가고 있었다.

그때 만난 것이 〈빅맘의 북테라피〉였다. 블로그 이웃들의 글에서 변화되는 글을 보면서 저기 들어가면 지치고 힘든 생활이 조금은 나아질까 생각하면서 문을 두드렸다. 현재 〈빅맘의 북테라피〉를 1년 넘게 하고 있다. 이곳은 감사일기를 써야 했다. 처음 일기를 쓸 때 3시간이 걸렸다. 아무리 애를 써도 현실에서 긍정의 언어를 바꾸는 시간이 쉽지 않았다. 꾸준히 감사일기를 쓰면서 가장 달라진 것은 삶의 태도가 바뀌고 있다는 것이다. 예전에 비가 오면 나도 울었다. 바람이 내 볼을 스치면 그리운 엄마가 떠올랐다. 내가 세상에서 가장 사랑하는 엄마가 암과 사투를 벌이는 동안 아빠는 한 번도 엄마를 간호한 적이 없었다는 사실이 나를 더 힘들게 했다. 아빠를 원망하는 마음이 한이 되어 담아 두었던 생각이 눈물로 나타나고는 했다.

감사일기를 쓰면서 삶이 그대로 보이기 시작했다. 비가 왔다. 예전에는 슬펐다. 하지만, 지금은 비를 즐기며 달린다. 하루의 마무리를 감사일기로 했다. 나의 40대, 코로나와 아빠가 함께 오고 급격히 체중이 늘었다. 어느 날 줌(ZOOM) 영상 속에 내가 낯설게 보였다. 몸무게는 둘째 만삭 몸무게가 되어 체중계에 올라가기가 겁났다. 이대로는 안 되겠다고 생각했다. '인생을 바꾸자' 결정했다.

우울함과 무기력 대신 활력을 위해 달리기와 감사일기 쓰기로 삶을 채워 나갔다. 감사일기를 쓰고 100일쯤 되었을 때 인생을 바라보는 태도에 변화가 일어나기 시작했다. 평범한 일상에서 감사를 찾기 시작했고, 하기 싫은 일에서 작은 즐거움을 찾았다. 1년이라는 시간이 흘렀다. 투자에만 복리가 있는 줄 알았는데, 감사일기에도 행복처럼 복리가 되어 돌아왔다. 그사이 아빠는 건강이 회복되어, 서로 소통할 수 있게 되었다. 요즘 아빠는 정서적으로 편안해지셨으며, 최선을 다해 의도적으로 건강을 유지하고 계신다. 감사한 삶을 살다 보니 복리로 다가오는 일들 속에서 또 엄마가 그립다.

엄마는 자신의 시간이 없었지만 나에게 사랑이 무엇인지 느끼게 해 주었다. 엄마가 되고 남매를 키우면서 알아가고 있다. 그분의 선택은 늘 자신보다 나를 위한 사랑이 우선이었다는 것을 말이다. 차에서 도시락 먹이며, 조금이라도 나를 편하게 해준 엄마의 마음을 오십이 다 되어 느끼고 있다. 처음 엄마를 생각할 때 가장 먼저 떠오른 단어는 희생이었다. 하지만, 자녀를 키우면서 느낄 수 있었다. 엄마는 희생이 아니라 나를 사랑한 선택이었다는 걸 말이다.

엄마가 나에게 보여준 사랑을 이제 나도 세상에 보여주고 싶어졌다. 나만의 언어로 세상을 이롭게 하기로 선택했다. 난 김 여사님의 사랑하는 딸이다. 나만의 인생과 언어를 선택할 것이다. 받은 사랑을 더 해 세상을 이롭게 할 것이다. 엄마가 모두를 사랑으로 품은 것처럼 나도 엄마의 사랑의 언어로 세상과 소통하고 싶다. 나의 가슴속에 엄마의 사랑이 활짝피고 있다.

| 2 |

책과 감사일기가 건넨 두 번째 위로

"비록 상황이 좋지 않더라도, 감사할 점을 찾으려 노력해야 한다.
그러면 삶은 더 나아질 것이다."

- 엘런 디제너러스

17년 전 재혼한 아빠가 굳이 내가 사는 동네로 이사를 오신다고 했을 때 마음이 불편했다. 그날 새벽에 전화벨이 울렸다. 새벽 전화는 늘 불길했다. 눈을 뜨고 싶지 않았다. 엄마가 돌아가신 날도 그랬고 남편이 교통사고로 응급실에 누워 있던 날도 그랬다. 불길한 예감은 적중했다. 남편이 전화를 받았다. 아빠가 대학병원 응급실에 왔다고 새어머니의 떨리는 목소리가 전화선 넘어 들렸다.

병원으로 출발과 동시에 언니랑 통화했다. 코로나19로 응급실에 모두 들어갈 수 없는 상황이라 먼저 출발한 내가 소식을 전하기로 했다. 차로 1시간 거리의 병원 응급실에 40분 만에 도착했다. 보호자는 한 명만 들어갈 수 있다. 아침에 이사하셔야 할 새어머니는 집으로 가시라고 했다. 응급실에서 나오시는 새어머니를 진정시키고, 아주 짧게 상황 설명을 들은 후 응급실로 들어갔다. 다행히 두 분이 다투신 건 아니라 하여 안심했다.

아빠 옆에서 간호하고 싶다는 새어머니를 보며 그때 난 무슨 생각을 했을까? 기억은 안개 속을 걷는 것처럼 희미하고 그날이 새어머니와 마지막 만남이 될 줄은 전혀 몰랐다. 17년 동안 아빠의 아내 자리를 해 주신 고마운 분이셨다. 가끔 생각난다. 가족 모임으로 식당에 가면 불친절한 식당에서 당당하게 권리를 주장하시는 모습, 주변에서 아빠에게 함부로 대하는 사람들에게 단호함과 적대적으로 대하시는 모습에서 든든한 아빠 편이 생겨서 좋았다. 불편하실까 봐 전화한 적은 없다. 하지만, 마음속 깊은 곳에 감사함을 간직하고 있다. 처음부터 감사한 마음이 있던 것은 아니었다. 감사일기를 쓰기 전에는 17년의 긴 세월 동안 부부 인연으로 사셨는데 연락 한 번도 없으신 새어머니께 원망과 미움도 마음 한편에 있었다. 이해하려고 했지만 쉽게 이해가 되지 않는 행동들이었다. 새어머니께서 남매를 위해 아빠와 이별을 선택했다는 사실을 감사일기를 쓴 후 그냥 받아들였다. 세월 속에서 새어머니께 서운함보다 감사한 일들이 많았기 때문이다.

전화벨이 울린다. 아침 7시다. 수업 준비로 분주하게 강의 자료를 정리하고 있었다. 아빠가 뇌경색으로 쓰러지시고 새벽에 전화벨이 자주 울렸다. 응급 상황도 있었고 아빠의 건강 염려 증세가 심했던 날도 있었다. 아침 7시는 이른 시간도 아니다. 남편 출근이 6시라 5시쯤 되면 기상한다고 말씀드렸더니 5시만 넘으면 자주 전화를 하셨다. 난 씩씩하게 전화를 받았다. 그런데 아빠 목소리가 심상치 않다. 반복되는 경험으로 나는 차분하게 응급 상황인지 아닌지부터 확인했다. '아빠 10분 안에 가야 해요?'라고 묻자 그렇다 하시는 아빠의 말과 동시에 차 키를 들고 달렸다. 골든타임으로 새어머니가 아빠의 생명을 연장해 주신 그때처럼 빠르게 대처해야 했다.

아빠네 집에 도착하자마자 119로 전화를 했다. 아빠는 의식을 점점 잃어 가고 계셨다. 열이 40도가 넘었다. 폐 사진을 찍었는데 폐가 하얗다. 아빠는 입원하셨다. 다행히 아빠의 의식이 돌아오고 응급실에서 병실로 가셨다. 정신을 차려보니 오전 9시가 넘었다. 요양 보호사님께 병원으로 와 달라고 요청을 하고 언니한테 전화했다. 순조롭게 모든 상황을 정리하자 아침 강의가 걱정되었다. 집에 들러 준비해서 갈 시간이 부족했고 실내복 차림으로 강의를 하러 도서관으로 출발했다. 가는 도중 잘 도착했다는 언니의 전화 덕분에 한결 편하게 수업에 갔다.

도서관 담당자 선생님께 전화를 걸어 "30분 늦더라도 수업 준비를 해서 갈까요? 아니면 수업 준비 못하더라도 시간 맞춰 갈까요?"라고 물었더니 제시간에 와 달라고 요청하셨다. 부끄러웠다. 화장 안 한 얼굴에 편한 실내복 차림으로 수업 자료도 없이 말이다. 도서관에 도착하고 20분의 여유가 있었다. 강의 자료는 없어도 머릿속에 내용은 있으니 관련된 그림책만 찾으면 된다. 작은 도서관이었는데 찾는 그림책이 거의 다 있었다. 신기하게도 수업 준비가 원활하였다. 그날 수업은 잊을 수가 없을 정도로 감사했다.

수업을 마치고 마지막에 1년 후 나에게 보내는 일기를 써보자고 했다. 1년 후 다시 만나기를 약속했다. 1년 뒤 카페에서 함께 만났다. 1년 전 감사함을 커피와 디저트 그리고 건강해지신 아버지의 안부로 전했다. 그날의 모든 일은 기적처럼 나에게 감사함으로 남았다. 빠르게 달려오신 119 구조대원, 병원으로 출근해 주신 요양 보호사님, 달려온 언니와 오빠, 도서관 사서 선생님, 그리고 수업 들으시는 활동가 선생님들이 계셨다. 그분들 덕분에 아빠의 오늘이 있다. 무엇보다 과거보다 지금 행복하게 미소 짓는 모습의 내가 있다.

아빠는 오늘도 전화하신다. 주문하신 영양제 도착했냐고 물어보신다. 전화 받는 내 목소리가 상냥하다. 존 고든 『에너지 버스』의 운전사 조이처럼 말이다. 작년에 영양제를 6개월 드셨다. 챙겨 주는 막내딸 고맙다고 하며 잘 챙겨 드신다. 매일 감사일기 쓰듯 아빠도 건강을 챙기신다. 오늘까지 쓴 감사일기가 400개가 넘었다. 100일의 감사일기가 쌓이면서 알았다. 감사는 상황보다는 내 태도에 있다는 것을 말이다. 감사할 일이 있어서 적는 것이 아니라 힘든 날에도 쓰고 지친 날에도 쓴다. 매일 쓸 때 기쁨도 복리처럼 크게 온다는 것도 알았다. 과거를 돌이켜 보면 힘든 시간이 정지되어 있듯 느껴졌다. 지금은 빠르다. 감사의 언어와 마음은 돌고 돌아 부메랑처럼 온다는 것을 느끼고 있다. 엄마가 생각났다. 큰 사랑을 주고 가신 엄마의 사랑이 지금의 나를 보면 무엇이라고 이야기할까?

"우리 선영이 내 딸답다. 씩씩하게 사랑 나누면서 감사 나누니 김 여사 딸 맞네. 사랑한다. 내 딸!"

엄마가 주고 가신 커다란 사랑으로 선한 영향력을 나누며 살고 싶다. 꾸준한 감사일기로 알게 되었다. 슬픔 곁에는 늘 기쁨이 같이 온다. 그래서 슬픔 속에서도 감사의 언어를 떠올리고 감사일기를 써야 한다. 어느새 슬픔이 곁에 와도 바로 알아차린다. 기쁨이도 곁에 있다는 사실을. 슬픔이와 기쁨이랑 함께 지낼 수 있는 나만의 방법들을 찾았다. 나의 기쁨이는 카페에서 제일 맛있는 카푸치노 한 잔을 주문하고 책을 읽는 것이다. 책 읽고 깨달은 것을 쓴다. 깨달은 것을 적용할 수 있는 방법까지 찾으면 어느새 슬픔이가 작아진다. 신기하다. 믿기 힘들면 감사일기 1년 동안 적어 보면 좋겠다. 아니면 내가 맛있는 카푸치노를 선물할 힘이 내게 있다.

슬픔은 한때 나를 무너뜨릴 수 있다고 생각했다. 하지만, 나는 슬픔 자리에 감사를 넣었다. 책 읽고 내가 좋아하는 카푸치노를 믹스해서 말이다. 기쁨은 금세 사라질 수 있지만, 감사를 기록하면서 오래도록 품을 수 있었다. 자기 계발의 선구자였던 미국 심리학 작가 멜로디 비티는 "감사는 평범한 하루를 기적으로 바꾼다."라고 했다. 감사는 나의 삶을 다시 설계하는 가장 단순하고도 강력한 힘이 되었다.

| 3 |

원망을 예술로 바꾼 감사의 힘

"어제는 사라졌고, 내일은 오지 않았다.
우리에게는 오직 오늘만이 있을 뿐이다. 자, 시작하자."

- 마더 테레사

"감사합니다."라는 말을 오늘 몇 번 했을까? 감사일기 쓰고 행복한 일들이 일어나기 시작했다. 감사가 감사로 와도 신기한데 눈덩이처럼 쑥쑥 커진다. 잠들기 전에 오늘 감사한 일들을 떠 올리며 몇 번의 감사를 했을까? 꽤 많이 한 것 같은데 정확히 기억나질 않는다. 천천히 생각해 보았다.

푹 자고 일어나서 상쾌하게 시작하니 감사했다. 새들의 소리가 유난히 크게 들렸다. 알람 대신 자연의 소리를 듣고 하루를 시작하니 행복했다. 아침밥을 잘 먹는 둘째 아이에게 감사했다. 큰아이는 이유식을 만들면 반도 안 먹고 버리는 날이 많았지만, 둘째는 이유식 다 먹고 또 달라고 했다. 8개월부터 아기 식탁에 앉자 혼자 떠먹을 정도로 잘 먹는다. 성인이 된 지금도 집밥이면, 행복한 미소 천사가 된다. 배달 음식보다 간편 요리보다 집밥을 아주 좋아한다. 떡볶이를 좋아하지만, 외식처럼 한 번이다.

물론 나 또한 잘 먹고 있다. 체중도 줄고 식비도 줄고 감사한 일이다. 엄마가 나를 위해 해 주신 오징어덮밥, 잡채, 쑥국이 생각난다. 봄에 쑥을 캐어 직접 끓여 주신 그 맛은 잊을 수가 없다. 부엌 전체에 풍기는 은은한 쑥 향기가 마음을 평안하게 했다. 봄을 통째로 담은 듯 향과 구수함은 사랑이란 단어로 기억되었다. 둘째 임신했을 때 입덧이 심한 봄에 난 엄마표 쑥국을 꼭 먹고 싶었다. 큰엄마께 전화를 걸어 이야기했다. 큰엄마는 이런 나의 마음을 아시고 국을 끓여 주셨다. 비슷한 향과 맛이 나는 국을 먹으며 엄마가 너무 그리웠다. 음식은 그 시절의 사랑을 기억하게 한다. 내가 받은 사랑보다 큰 사랑으로 아이들을 키우겠다고 쑥국을 먹으며 다짐했다. 엄마가 보고 싶다.

엘리베이터 안에서 만나는 이웃에게 인사를 했다. 익숙한 분도 있고 낯선 분도 웃으며 하는 인사를 받아 주신다. 처음 만나는 사람은 어색할 법도 한데 받아 주시는 인사가 감사했다. 종일 일하고 몸과 마음이 지친 어느 날 엘리베이터에서 생각에 빠져 인사하는 것을 놓쳤을 때 이웃이 다정하게 먼저 인사를 했다. 감사하게도 나로 인해 인사가 퍼져 나가고 있다는 것을 깨달았다. 코로나 19로 잠시 멈췄던 인사가 다시 살아나서 기분이 좋다.

매일 달릴 수 있는 건강한 다리가 있음에 감사하다. 2년째 달리고 있다.

처음에는 100m 달리다 걷기를 반복하였다. 10개월 달리기를 꾸준히 한 후 10km 마라톤에 도전했다. 매일 걷다 뛰다 보니 마라톤 메달이 하나씩 늘어나는 재미가 붙었다. 그러다 점점 건강해지고 있음을 온몸으로 느꼈다. 체지방이 줄고 폐활량이 늘어나는 것을 숫자로 확인하니 하프마라톤 도전과 근육을 늘려야겠다는 목표까지 생겼다. 하지만 달리기에 본질을 다시 점검해 본다. 바로 건강이다. 감사로 일상을 이어가니 건강은 덤으로 찾아왔다.

감사일기를 쓰다 보니 자연과 친구가 되었다. 걷다가 문득 길거리에 작은 돌멩이 하나에도 의미를 찾기 시작하였다. 쓰다 보니 소소한 것들에서 감사를 찾으면서 환경이 아니라 내 안에서 시작된다는 것을 깨달았다. 이제는 환경이 아니라 감사한 마음을 선택한 힘이 내 안에 생겼다.

처음 3개월은 감사일기로 뭘 써야 할지 잘 몰랐다. 코치의 감사일기로 힌트를 얻었다. 감사일기 3가지 쓰는데 1시간 정도 걸렸다. 무엇을 써야 할지부터 어떻게 써야 할지 모르겠다. 글을 매일 써본 적도 없었다. 일기는 초등학교 숙제 이후 거의 쓴 기억도 없다. 6개월 꾸준히 감사일기 쓰는데 40분, 1년이 지난 지금은 20분이면 감사일기 5가지는 쓸 수 있다. 재미있는 것은 전화벨이 울려도 감사한 생각이 들고, 비가 와도 감사하며 아이들과 동화책을 읽어도 감사하다. 모든 것이 감사로 연결된다. 그러니 자연스럽게 나의 마음에 불안과 불평이 아닌 평온한 평정심이 생겨나기 시작했다. 감사는 좋은 운을 부르고 좋은 에너지를 가진 사람들이 모여들게 한다. 〈빅맘의 북테라피〉 도반들과 코치는 내가 하는 일을 진심으로 응원해 준다. 남편이 아프다고 하면 검사부터 결과까지 걱정해 주고 무인 아이스크림 매장를 오픈할 때는 잘되라고 응원의 메시지와 선물을 보내주기도 했다. 아침마다 쓴 일기에 진심을 담아 댓글을 달아 준다. 오늘을 살아가는 큰 에너지를 아침부터 받는다. 같은 책을 읽고 다양한 관점으로 의견을 나눌 수 있는 곳이다. 열정을 다해 공부한 경험을 나누기도 한다. 때때로 혼자 낙오자로 남을까 두려움이 생길 때, 걱정하지 말자고 우리는 '함께 성장한다.' 이야기하는 곳이다. 살면서 이런 곳에서 함께하는 신비로움을 느끼고 있다.

원망은 마음의 그림을 어둡게 칠하지만, 감사는 새로운 빛을 더한다. 하루 한 줄 감사일기는 작은 붓칠처럼 마음의 캔버스를 서서히 밝게 칠해준다. 감사는 잃어버린 것을 되돌려 주지는 않지만, 가진 것을 선명하게 보여주는 역할을 한다. 큰아들의 건강함, 남편의 우직함, 아빠의 막내딸 무아 걱정까지 나는 혼자가 아니라는 믿음을 심어준다. 삶은 충분한 가치가 있다. 무엇보다 나를 응원하고 함께 하는 선택한 〈빅맘의 북테라피〉 가족들의 기록들이 쌓여 삶의 균형감을 만들어 가는 것을 곁에서 지켜보고 있다. 서로를 다시 세우는 치유의 과정이 여기에 있다. 나의 성장은 물론 곁에 있는 도반들의 성장을 보고 있으면 흐뭇하기도 하고 때때로 놀랍기도 했다. 다른 사람의 성장을 보고 마음 깊이 기쁨을 누릴 수 있는 이곳은 신기한 곳이다.

　동화책처럼 삶을 바라보면 주인공은 언제나 시련을 넘어 희망을 찾아간다. 감사는 과거의 상처를 지우는 것이 아니라 그조차 보듬어 준다. 그리고 새롭게 시선을 확대해서 해석할 힘을 준다. 오늘의 감사는 내일의 희망을 준다. 삶을 다시 디자인하는 힘이 〈빅맘의 북테라피〉 안에서 일어나고 있다. 나이가 있어 도전이라는 단어는 다른 사람의 이야기인 줄 알았다. 인생 따뜻한 도전을 할 힘이 내 안에 가득하다는 것을 발견했다.

　처음에는 억지로 적는 한 줄이었지만, 일기가 쌓이자 마음의 방향이 바뀌었다. 슬픔은 배움이 되었고, 기쁨은 자신감이 되었다. 감사일기는 나에게 중심이 되었다. 흔들리던 마음을 단단하게 잡아주었다. 알베르트 아인슈타인은 "우리가 매일 감사를 표현할 때, 기적은 이미 일어나고 있다."라고 말했다. 내 삶에 기적이 일어났다.

| 4 |

삶을 동화책처럼 다시 쓰다

"만 리 길도 한 걸음부터."

- 노자, 『도덕경』

아빠가 쓰러지신 후 많은 일이 있었다. 어쩌면 내 인생 최고의 위기의 순간들이었다. 119에 실려 응급실 가시고 입원이 길어지면서 병원으로 반찬을 배달하였다. 그림책 온라인 수업이 너무 많아 헉헉거리며 수업을 이어가고 있던 날 병원에 갔다가 집으로 오는 길이었다. 담당자 선생님의 전화가 왔다. "강사님 왜 안 들어오세요?"라는 말에 깜짝 놀랐다. 그림책 강사로 15년 활동하면서 처음 있는 일이었다. 양해를 구하고 15분 뒤늦은 수업을 진행하면서 나 자신에게 너무 화가 났다. 지칠 때 넋두리라도 편하게 할 상대를 찾았지만, 언니밖에 생각나는 사람이 없었다. 힘들 때마다 언니한테 종종 전화를 걸기도 했지만 암 수술 후 언니도 힘든 상태라 말을 아낄 수밖에 없었다.

지인의 권유로 재가방문 요양 보호 신청을 했다. 서류 접수 후 집으로 방문 상담을 하러 오셨다. 아빠는 힘들게 다니는 내가 안쓰러우셨는지 힘들게 이야기를 했다. 나는 이런 아빠의 마음도 모르고 상담 오신 분께

"제가 너무 힘들어서 신청했어요. 아버지는 보호자가 함께라면 일상이 가능하십니다. 하지만 생계를 위해 신청했어요. 제가 곁에 있기 힘들어요." 라고 말하고 말았다. 등급이 나올 거라는 기대는 하지도 않았다.

그런데 나에게 행운이 왔다. 아빠는 등급을 받으셨고 감사하게도 요양 보호사님의 보호로 일상을 이어가고 계신다. 아마도 지쳐서 곧 쓰러질 나를 보고 하늘에 계신 엄마의 배려였을까 덕분에 매일 아빠가 할 수 있는 운동과 노인정 나들이, 복지관을 다니시며 건강을 유지하고 계신다. 요양 보호사님이 오시기 전에는 외출도 힘든 상황이었지만, 아빠는 최선을 다해 현재를 즐기고 계신다. 물론 가끔 응급실에 갈 때도 있고 더 힘든 상황이 올 수도 있지만, 감사로 좋은 에너지가 채워지자 하루가 축복이 되었다.

나는 지금 이대로 좋다. 예전에 나를 떠올리면 참을성, 희생, 배려, 인내심, 우울함 이런 단어가 떠올랐다. 무지했고 몰랐다. 그때는 한숨 쉬듯 자주 넋두리를 말하고는 했다. 그것도 혼자. 그런데 어느 날 친구가 말했다. "너의 한숨은 돌고 돌아 다시 네게로 온다." 듣는 순간 한숨과 이별했다.

책을 읽기 시작했고 변화를 주고 싶은 간절한 마음이 나를 독서 모임으

로 안내했다. 나에게 한숨과 이별하게 해 준 친구를 〈빅맘의 북테라피〉에 초대하였다. 엄마 치매로 힘들어하는 친구의 모습에서 예전에 나를 보았기 때문이다. 친구도 매일 감사로 하루를 시작한다. 주변이 좋은 에너지를 가진 사람들로 채워지기 시작했다. 이곳은 정말 내가 사랑하는 사람들에게 추천해 주고 싶은 곳이다. 지친 사람들에게 치유의 에너지를 받는 곳이다. 물론 때론 빅맘의 독설도 듣는다. 아팠다. 하지만, 그것 또한 진심을 담아 이야기해 준다는 것을 이제는 알고 있다. 그분도 매번 용기를 내어 이야기한다는 사실을 느끼며 일상에서 함께 새로운 삶을 만들 힘을 가지고 있다.

따뜻한 바람이 분다. 엄마를 보내 드린 그해 지글거리는 여름. 뜨거운 태양 아래 바람처럼 사라지고 싶었다. 흔적도 없이 말이다. 혼돈의 시간이 마치 흙먼지를 일으키고 불안하게 만들었다. 엄마 없는 미래는 생각해 본 적이 없었다. 특별한 대상도 없이 화가 났고 엄마에게 미안한 마음만 가득했다. 수능생이던 나를 위해 엄마는 하와이 여행을 포기하고 도시락을 싸셨다. 난 약속했었다. 하와이 여행 꼭 보내 드린다고 말이다. 엄마에게 받은 만큼 잘해드리고 싶었는데 엄마가 곁에 없다. 결국, 하와이 여행은 지키지 못한 약속이 되고 말았다. 내가 할 수 있는 일이 없었다. 슬픔이 삶을 짓눌렀다. 엄마가 돌아가신 후, 꿈도 희망도 품고 싶지 않았던 순간이 있었다. 바람과 함께 사라지고 싶던 나에게 첫 아이가 선물처럼 왔다. 아들의 태어남으로 나는 삶에서 숨을 쉬고 따스함을 품었다. 오늘은 군 복무 중인 아들을 6개월 만에 만나러 갔다.

아침 일찍 카톡이 왔다. "엄마 언제 도착하세요."

아들의 메시지였다. 아들은 엄마의 빈자리를 채워준 감사 같은 선물이었다. 첫 휴가 이후 집이 너무 그리워서 적응하기 힘들다고 휴가를 모으고 있다고 했다. 아들을 보자마자 행복했다. 구릿빛 피부에 건강한 몸매 환한 미소까지 잘 지내고 있다. 만나서 1시간 동안 쉬지도 않고 군대 이야기를 했다. 축구해서 포상으로 받은 휴가 이야기, 자동차보다 10배는 더 무거운 탱크 운전, 독서 한 선임과 게임 좋아하는 후임 그리고 농구 잘하는 동기 이야기까지 쉼도 없이 이야기보따리가 터졌다. 자동차 뒷자리 오빠 옆에 앉은 둘째는 재수 생활 중이다. 공부하는 시간을 쪼개서 오빠 만난다고 신나서 따라나섰다. 두 녀석이 이야기를 나누는 모습만으로도 지금 순간 행복하다. 삶이 충만한 것은 현실 남매 같지 않은 오누이 덕분이다. **아이들을 바라보고 있으면 내 모든 순간이 감사로 물들었다 느낄 수 있다.**

내 인생의 첫 장면은 엄마의 부재로 시작되었다. 엄마가 떠난 자리는 깊은 그리움으로 남았다. 시간이 흘러 아빠마저 병으로 쓰러졌을 때 나는 원망과 돌봄 사이에서 길 잃은 주인공 같았다. 힘들 때마다 선물처럼 온 아이들 덕분에 따스함을 놓지 않고 살아갈 수 있었다. 그러다 엄마 생각이 나면 깊은 슬픔에 한 번씩 빠지곤 했다. 그때마다 동화 속 주인공들은 언제나 시련을 넘어 희망을 찾아간다는 사실을 깨달았다. 하지만, 깊은 슬픔에 빠져 나오기 힘들 때가 있었다. 그때 만난 것이 〈북테라피〉 속 감사일기 한 줄이었다. 그리고 지금의 나는 마음의 어둠을 밝히는 작은 별빛을 통해 내 삶을 희망으로 비추고 있다.

감사일기를 쓰면서 그동안 함께해 주었던 현실 남매 같지 않았던 아이들의 고마움을 느끼는 순간이 많았다. 거동이 불편하지만, 늘 딸을 생각하는 아빠의 투박한 행동을 느낄 수 있었다. 그리고 무엇보다 늘 곁에서 묵묵히 나를 지켜봐 주는 과묵한 남편 이성호 당신을 만나서 행복하다. 아빠와의 관계가 서툴 때마다 중간 입장에서 장인어른 보살폈던 남편 덕에 소중한 시간을 만들 수 있어 감사했다. 엄마의 부재는 나에게 소중한 남편을 선물처럼 주셨다는 것을 알아차렸다.

현재를 충실히 살기로, 결심했다. 지금 내가 하는 그림책 활동가 일이 세상을 아름답게 만들고 있다. 그림책 작가의 꿈을 키우고 있다. 내 곁에 와준 사람들이 정말 좋다. 시작은 감사일기라고 생각한다. 감사일기는 지난 과거를 그리움, 원망, 공허함에서 하나씩 감사로 채워주었다. 감사로 삶을 다시 그린 동화책 작가 '책 읽는 피카소' 감사로 찾은 정체성이다. 엄마가 나눠주신 사랑을 세상에 뿌리고 싶다. 사랑이 씨앗이 되어 '책 읽는 피카소'로 행복한 세상을 만들고 있다. 동화책 작가로 살고 있다. 책 읽고 글을 쓰고 감사일기를 쓰다 보니 행복한 세상 만들기에 앞장설 수 있는 자신감이 생겼다. 카푸치노 한잔에 온 세상을 다 가진 것처럼 지금 이대로 좋다.

감사일기의 기록은 슬픔을 덮는 색이 아니라, 새로운 그림으로 완성해 주는 붓질이 되었다. 더는 원망의 주인공이 아니라, 감사를 그리는 작가가 되었다. 동화책처럼 내 삶의 페이지를 다시 쓰며 희망의 색으로 채워 나간다. 엄마의 빈자리는 감사로 빛나고 나의 이야기는 새로운 동화가 되어 간다. 자녀들 덕분에 오늘도 희망으로 그림을 그린다. 엄마의 사랑을 담고 씩씩하게 오늘도 지구별을 여행하는 '책 읽는 피카소' 박선영 작가로 꿈을 그리고 있다. 감사가 인생에 찾아와 깊은 우울을 울림으로 변화시켜 감사하다. 세상을 밝히는 시간을 만들고 용기를 내어 씩씩하게 걷고 있다.

하루 끝 감사일기

선한 영향력 감사일기

1. 비가 옵니다. 억수같이 쏟아집니다. 도서관에서 창밖 풍경은 너무 평온합니다. 평일 낮 도서관에서 여유 있는 날이 좋습니다. 책 읽고 깨달아 간 내용을 블로그 쓰는 시간이 2시간 이상 소요되지만, 내년 이맘때 감사일기 쓰듯 루틴으로 잘 만들어졌으리라 나를 믿어 봅니다. 야호! 읽고 쓰고 실행할 수 있는 〈빅맘의 북테라피〉가 있어 감사합니다.

2. 어제 무리한 스케줄로 온몸이 쑤시고 아픕니다. 운동 센터에서 내 몸 구석구석 체크하고, 관리받으니 감사합니다. 목 근육이 뭉쳤다고 합니다. 바른 자세와 걸음은 건강 유지에 꼭 필요한 요소입니다. 노력해야 한다. 거북목아! 이젠 너랑 이별할 거야! 달리는 하루 순간 집중할 수 있는 날이 있어 감사합니다.

3. 둘째가 학원 끝날 때마다 전화합니다. 엄마 어디야? 어릴 적 엄마 찾아 돌아다니던 제 모습 같아 사랑스럽고 귀엽습니다. "왜?"라고 물어보니 엄마 밖이면 같이 집에 가고 싶다고 합니다. 재수생의 귀한 시간 아이

스크림 무인 매장 청소하는데 써줘서 고맙다! 생각이 듭니다. 현금으로 용돈 주니 환하게 웃으면서 감사하다고 하는데… 이 시간이 빨리 지나가니 아쉽습니다. 너희가 나의 사랑하는 보금자리에 선물처럼 와 줘서 매 순간 감사합니다.

동화책 읽는 피카소 확언 3문장

1. 나는 운이 좋구나!
2. 좋은 사람들과 선한 영향력 주고받으니 나의 미래는 점점 풍요롭구나!
3. 나의 가치를 존중하고 꾸준히 성장하는 빅맘의 북테라피 우주 시민으로 살아가겠습니다.

삶을 바꾸는 하루 첫 생각

2장

무기력에서 감사로,
삶의 주도권을 되찾다

꾸리는 책배기 오혜란

"책 읽고 배우고 기록하는 시간은 매일 어제를 넘어 자신을 만들어 줍니다."

| 1 |

약한 몸을 지탱해 준 감사의 힘

"사람은 생각하는 대로 된다."
- 얼 나이팅게일

집에만 있는 내가 답답했는지 지인의 초대로 바람 쐬러 가자는 제안을 따라 조성희 작가의 마인드 파워 강연을 듣게 되었습니다. 정열의 빨간 정장을 입고 오신 조성희 작가 모습을 보자 멈춰 있던 가슴이 두근두근 뛰기 시작했습니다. 강의에서 부족한 사람이고 나약하다고 느낀 지난 세월의 찌질이가 과거 잠재의식을 깨워 열정 에너지로 바꾼 삶의 이야기는 충분히 저를 흔들었습니다. 어쩌면 나에게도 잠들었던 잠재의식을 깨우라는 신호이자 변화의 기회일지 모른다는 생각이 들었습니다. 힘내라는 파이팅 소리와 함께 수년간 닫혀 있었던 열정의 문이 활짝 열렸습니다. 강의장에서 작가님의 마인드 관련 책을 구매했습니다.

책을 펼쳐 든 순간부터 인생의 변화 스위치가 켜진 것 같습니다. 매일 눈 떠 있는 대부분 시간에는 책을 읽고 내 안의 잠든 잠재의식을 깨우기 위해 온갖 방법을 찾기 시작했습니다. 카페에 가입하고 감사일기에 대해 알게 되었습니다. 막상 감사에 대해 적어 보려고 하니 머릿속이 온통 '그런데, 그래서, 하지만'이라는 이유가 넘치는 부정적인 감정들로 가득해졌습니다. 한 줄 쓰기가 너무 어려워 다른 분들의 글을 보고 따라 적었습니다.

"힘들이지 않고 숨 쉴 수 있어 감사합니다.",
"건강한 두 다리가 있어 활보할 수 있음에 감사합니다.",
"쉴 수 있는 집이 있어 감사합니다." 쓰다 보니 당연시했던 것들이 감사한 것들이구나 느꼈습니다.

그리고 가진 것을 되돌아볼 수 있는 시간이었습니다. 모든 것이 처음이고 서툴렀던 독서와 감사일기가 100일 동안 이어졌습니다. 내 안에서 해내는 힘이 새싹이 되어 자라나고 있음을 발견하자 더욱 욕심이 생겼습니다.

'그래, 해보자. 우주의 끌어당김이 있다면 나에게 가야 할 곳을 안내해 줄 거야.'

우연히 블로그 이웃이 쓴 글이 눈에 들어왔습니다. 그곳에는 한 커뮤니티에서 독서와 감사일기를 쓰면서 변화된 이야기가 있었습니다. 삶이 변화된 이야기를 읽으면서 가슴이 또다시 두근거리기 시작했습니다. 조금의 망설임도 없이 이끌리는 대로 커뮤니티에 가입했습니다. 이번엔 나를 이끌어

줄 코치와 함께하는 사람들이 생겼습니다. 같은 책을 읽으며 서로의 감사 일기를 공유했습니다.

평소대로 일상의 감사를 적었습니다. 어디서도 들어보지 못한 코치의 피드백을 받았습니다. 무의식적으로 사용한 문장에 문제가 있음을 발견하고 언어의 본질에 대한 설명을 듣게 되었습니다. 나의 단어 선택과 표현 방식이 긍정 에너지를 끌어오지 못함을 크게 깨닫고 시급히 바꿔야 함을 알게 되자 다음날부터 감사일기 쓰기가 훨씬 수월해짐을 느낄 수 있었습니다. 이제는 억지로 감사를 찾지 않아도 일상의 넘치는 감사와 마주합니다.

코치의 피드백을 통해 진정한 감사의 힘을 알게 되면서부터 내 안의 사고가 조금씩 변화되고 일상에 긍정 에너지로 나타나기 시작했습니다. 감사일기는 일상의 저를 변화시키기 충분했습니다. 특히 변화에는 3가지가 두드러졌습니다.

첫째, 세상을 바라보는 시각이 긍정적으로 바뀌었습니다. 상황을 감정적으로 반응하는 횟수보다 해결책을 찾기 위해 대응하는 횟수가 점점 늘어났습니다.

둘째, 화를 낼 만한 일들이 줄어들었습니다. 아이가 한 번에 옮기고 싶은 마음에 많은 물건을 움켜쥐다 핸드폰을 그만 떨어뜨렸습니다. 저의 눈치를 보고 미안하다고 이야기합니다. 괜찮다고 그럴 수 있다며 다시 잘 해결해 보라고 말해주었습니다. 아이는 멋쩍게 눈을 끔벅이며 저에게 화나지 않느

냐며 되물어 보았습니다. 순간 깨달았습니다. 그동안 아이들에게 이만한 일로 화를 내고 있었다는 것을 알아차리고 미안했습니다.

셋째, 책을 읽으며 함께하는 감사는 삶에 대한 용기도 열정도 도전 의식도 생겨나게 했습니다. 불편한 상황 속에서도 '그럼에도, 불구하고' 감사가 저절로 나왔습니다. 기분이 좋지 않아도, 몸이 아파도, 안 좋은 일이 생겼을 때도 언제나 지금에 감사했습니다. 그것들이 모여 제 인생 이야기가 되어 가고 있습니다.

감사일기를 통해 사랑하는 방법을 배웠습니다. 사랑하는 마음은 시간이라는 귀한 선물을 가져다주었습니다. 과거의 저는 집안일은 의무처럼 느껴져 흥미가 없었습니다. 주부가 하는 일을 가볍게 여겼습니다. 그러니 사는 내내 재미가 없었습니다. 그런데 감사일기를 쓰고 난 후 모든 일에 의미를 부여하고 가치 있는 일이었다고 전해졌습니다. 아이들을 위한 집밥과 가족을 위해 출근해 밤늦게까지 열심히 일하는 남편을 생각하는 힘이 생기면서 자신의 하는 일을 소중하게 여기게 되었습니다. 자녀를 키우는 것은 의미 있는 일이라 생각의 변화가 일어났습니다. 자신을 소중하게 대하기 시작했습니다.

감사를 통해 멍했던 하루의 시간에 활기가 찾아왔습니다. 새벽 5시에 일어나 독서를 했습니다. 책 속에서 한 문장을 찾아 그날 일정에 의미를 부여했습니다. 아침 시간에 주방 정리와 학교 가는 아이들 돕고 나면 온전히 저만의 시간을 갖습니다. 식탁 위에 널려 있는 그릇, 소파 위에 벗어 놓은 옷들 방마다 장난감들 정리하고 책 읽은 곳에서 한 문장을 발췌해 오전 산책을 합니다. 때로는 달리기도 합니다. 집으로 돌아와 산책에서 생각한 내용을 블로그에 경험을 담아 글을 씁니다. 아이들이 하교할 시간입니다. 옷을 챙겨 입고 아이들을 데리러 학교에 갑니다. 학교 가는 길에도 '감사합니다' 2천 번 말하기 도전하며 즐겁게 이동합니다.

감사일기를 쓰면서 마음은 점점 긍정적으로 물들어갑니다. 과거와는 달리 산책에서 만난 바람이 나뭇가지를 흔들면 움직임을 상상해 보고, 나부끼는 잎새 소리에 눈을 감으며 소리를 듣습니다. 코끝에 와닿은 풀 내음을 깊게 들이마십니다. 따스한 햇살은 머리를 쓰다듬듯 반겨줍니다. 나는 삶의 주인으로서 다시 걸어갈 힘을 얻습니다. 매일 아침 눈을 뜨면 먼저 기지개를 켜며 새로운 하루에 감사 인사를 건넵니다.

"행복한 아침입니다."

두 손을 머리 위로 뻗고 발끝까지 쭉 늘이며, 아픈 곳 없이 잘 자준 내 몸에 작은 칭찬을 건넵니다. 옆에 있는 아이들을 바라보며 오늘도 함께할 수 있음에 감사한 미소가 번져 옵니다. 그리고 나는 다짐합니다. 오늘도 내 삶을 오롯이 사랑하며 감사로 가득한 하루를 선택하겠다고 다짐합니다.

얼 나이팅게일의 말처럼 생각이 현실이 된다는 것을 느끼고 있습니다.

| 2 |

일상의 작은 루틴이 준 활력

"용기는 변화의 시작이다."
- 마하트마 간디

"엄마, 나는 왜 아기 사진이 없어요?" 어린 시절 앨범 속 사진을 보며 물었습니다. 엄마는 미숙아로 태어나 죽을 고비를 넘겨야 했던 일들을 이야기해 주셨습니다. 너무도 작게 태어난 나는 태어나자마자 인큐베이터 신세를 져야 했다고 합니다. 고열에 시달리던 나를 살리기 위해 작은 몸뚱이를 얼음에 집어넣기도 했다는 이야기를 해 주시는 엄마의 목소리가 여전히 울먹거립니다. 머리에 주삿바늘을 꽂고 늘 누워 있어야 해서 뒤통수가 납작하게 됐다며 안쓰럽게 바라보십니다. 고열을 잡지 못해 병원을 옮겨 다니느라 마음고생, 몸 고생하셨을 부모님입니다. 어디 아플까, 어디 다칠까 전전긍긍하시는 부모님을 보며 자랐습니다. 아픈 탓에 집 기둥뿌리 뽑혔다는 농담이 저에게 화살처럼 꽂힌 날이 있었습니다. 사실인지 아닌지는 모르지만 제가 기억하는 어린 시절은 지하 단칸방이었습니다. 저보다 1년 먼저 태어난 오빠의 아기 사진 속 집은 굉장히 부유해 보였으니 그때부터 나만 아니었으면 잘 살았을 텐데 내가 태어나서 가족을 힘들게 하는 것으로 생각하게 되었던 것 같습니다. 학창 시절 자주 아파서 수업 중 병원을 내 집 안방처럼 드나들기도 했습니다. 허약함은 직장 생활에도 크나큰 영향을 주어, 한곳에 정착하지 못했습니다.

　서른 살까지 이렇다 할 정착도 하지 못하고 결혼조차 꿈꾸지 않는 나날들이 이어졌습니다. 어떤 것도 나를 신나게 해 주는 것이 없었습니다. 얼마나 버틸 수 있을까 걱정으로 시작된 입사는 역시나 1년도 못가 퇴사로 이어졌습니다. 쓸모없는 인간이라는 자괴감에 자신감은 이미 바닥났고 인생 최대 난관에 부딪히게 되었습니다. 아침이 되면 긴 무서움이 덮쳐왔습니다. 이 밤이 끝나지 않길 애원하며 눈을 감았고 잠들지 못하는 날이 늘어만 갔습니다. 수시로 떨리는 손과 흘러내리는 눈물에 심상치 않음을 감지한 저는 사방팔방 도움을 줄 만한 곳들을 찾아다녔습니다. 시간이 갈수록 몸의 증상은 더욱 크게 나타났고 혼자 병원 문을 두드렸습니다. 각종 검사를 하고 진료실에 들어서자 당장 보호자를 데려오라는 의사 선생님의 다급한 지시가 떨어졌습니다. 그렇게 병원 생활이 시작되었습니다.

　한 달이 넘는 기간 한방 양방 협진 우울증 입원 치료를 받았습니다. 매일 산책과 운동, 명상, 상담이 이루어졌습니다. 상담 시간만 되면 선생님께서 "왜? 왜 그렇게 생각하세요?" 질문하셨습니다. 매일 꼬투리 잡기 질문이었습니다. 질문만 있지 시원하게 해결되는 명쾌한 대답도 없었습니다. 잘 먹지도 못하는데 병원에서 감기까지 걸려 독한 한약만 계속 먹다가 몸에 이상 반응이 생겼습니다. 몸 반쪽이 마비가 왔습니다. 덜컥 겁나 병원에 대한 신뢰가 떨어졌습니다. 아버지는 저를 바로 퇴원시켜 집 근처 대학병원 응급실에 갔습니다. 신경외과에 가서 검사한 후 자초지종을 들으시고는 한약을 바로 끊으라고 했습니다. 마비된 몸을 이끌고 한 달 이상 떠나 있던 집으로 가니 엄마랑 오빠가 따뜻하게 맞아주었습니다. 그 뒤 집에서 쉬면서 몸을 회복해 갔습니다. 약을 끊고 며칠 쉬고 나니 거짓말처럼 몸이 다시 정상으로 되돌아왔습니다.

나의 상태를 알게 된 가족들의 도움으로 그동안 왜 그럴까 후회만 했던 질문이 어떻게 하면 될까로 바뀌게 되는 계기가 되었습니다. 답을 찾기 위해 그 뒤로 출구 없는 미로 속을 10년간이나 헤매었습니다. 10년 동안 고민과 질문만 쏟아냈습니다. 그 사이 엄마의 오랜 소원이었던 결혼과 출산을 하게 되었습니다. 그러나 아내와 엄마의 역할만 추가되었을 뿐 인생의 의미는 달라지지 않았습니다.

삐쩍 마른 몸으로 아기나 낳을 수 있을까 어른들의 걱정을 도맡았던 저는 결혼과 동시에 임신하고 지금은 세 아이의 엄마가 되었습니다. 부모님은 결혼 못 한다 걱정하고 자녀도 없어 걱정하실 줄 알았는데, 지금은 친구들만 만나면 매일 싱글벙글 손주 자랑하십니다. 걱정과 달리 육아는 체력적으로 힘들지 않았습니다. 새벽에 일어나 수유하고 아기띠 매고 밥 먹고 하는 것들이 오히려 내가 할 수 있는 영역이라 생각하니 재미있기만 했습니다. 하지만, 자녀들이 자라고 아기 시절이 다 끝나고 나니 허전함이 몰려왔습니다. 아이들만 바라보고 있는 자신을 발견하고 나서야, 주변에 시선을 돌려 사람들을 만났습니다. 사람들 속에 섞여 있는 자신이 낯설고 무기력하게 느껴졌습니다. 내가 좋아하는 것이 무엇인지 내 생각이 무엇인지 마음의 소리가 들리지 않았습니다. 마음에 귀를 기울여 해답을 찾고 있을 때 우연히 인생의 변곡점 감사일기를 만났습니다.

감사일기를 꾸준히 쓰면서 '때문에' 말버릇이 '덕분에'로 바뀌는 기적을 경험했습니다. 감사일기를 쓰기 시작한 지 어느 날, 동이 트는 아침을 웃으며 바라보고 있는 자신을 발견했습니다. 아침을 환하게 맞이하고 있는 모습에 눈물방울 뚝 떨어집니다. 아침을 지독히도 싫어했던 내가 이제 아침을 기다리며 제일 좋다고 말합니다. 아침은 똑같은 날의 반복이 아닌 새로운 날의 시작이며 기회의 날로 인식되기 시작했습니다. 감사일기가 인생의 주인공으로 만들어 주었습니다.

감사가 마음을 가득 채우니 놀라운 일이 많이 벌어졌습니다. 사라졌던 의욕이 생겼습니다. 멍해서 흘려보냈던 시간은 책 읽는 시간으로 채워졌습니다. 책 읽고 생각하며 감정을 적기 시작했습니다. 부정적인 감정들이 자연스레 긍정적인 감정으로 바뀌었습니다. 모든 것에는 이유가 있다는 사고를 하게 되었습니다. 과거의 못난 나에게 머물러 있던 시선이 현재의 나에게 옮겨오면서 많은 기회를 찾게 되었습니다. 산책하고 운동하고 힐링하는 시간이 생겼습니다. 삶에 관심이 생겼습니다. 아내와 엄마로서 능력을 발휘하고자 투자하고 공부하는 시간이 생겼습니다. 육아 관련 책을 보며 공부하고 아이들과의 소통이 좋아졌습니다. 삶에 관한 관심은 미래를 바라보게 합니다. 오늘보다 나은 내가 되기 위해 나에게 투자합니다. 아이들에게 책 읽고 공부하고 운동하는 엄마로 비치기 시작했습니다.

언니 요즘 어떻게 지내냐는 동생의 물음에 비실비실 웃음이 새어 나오는 것을 꾹 참고 담담히 잘 지내고 있다고 말했습니다. 천기누설이라도 되는 양 머릿속에 그동안의 과정들이 스쳐 갑니다. 딱 봐도 달라진 것이 보이나 봅니다. 그동안의 과정을 이야기했습니다. 이야기를 찬찬히 듣던 동생이 눈시울이 붉어지며 진심을 담아 축하해 주었습니다. 예전의 어둡고 아팠던 모습을 생각하며 누구보다 진심으로 동생이 마음을 담아 축하해 주었습니다.

"언니 그거 알아요? 요즘 언니 눈이 반짝반짝 빛나요."

나의 존재가 보석 같다며 제일 먼저 인정해 주고 표현해 준 동생이 고맙습니다. 매일 감사일기를 쓰면서 입으로는 수시로 감사한다고 생각합니다. 우울증과 섬유 근육통, 알레르기 천식까지 앓으며 통증과 싸워야 했던 그 시간이 나에게 더 큰 감사로 돌아왔습니다. 그때의 시간이 있었기에 건강의 소중함과 시간을 어떻게 써야 하는지 알게 되었습니다.

밤이 되면 하루 일들을 피드백합니다. 그리고 감사와 함께 잠이 듭니다. 오늘도 밝아오는 아침을 기대하며 하루를 마무리합니다. 눈 감으면서 반짝이는 별과 달떠 있는 밤을 사랑합니다.

| 3 |

무기력 대신 주도권을 택하다

"행동하라. 실패가 불가능한 것처럼."
- 밥 프록터

컴퓨터 검색창에 커서가 깜빡입니다. 무엇에 이끌린 듯 잠재의식 단어를 검색합니다. 새로운 세상이 있음을 알게 되었습니다. 자기 계발 세계에서는 많은 사람이 꾸준히 공부하고 자신을 단련시키고 있었습니다. 활력 있고 자신감 넘치는 일상이 부러웠습니다. 그 세상에 동참하고 싶었습니다. 그날 이후로 검색 알고리즘이 자기 계발 영상과 소식들을 매일 가져다주었습니다.

아이들이 학교에 입학하면서 꿈을 가지고 호기심을 가지라고 말하는 시간이 괴로웠습니다. 정작 나의 모습은 어딜 봐도 꿈 하나 보이지 않는 무료한 삶이었기 때문입니다. 하루가 의미 있고 신이 났으면 좋겠다는 생각에 감사일기와 독서를 하루 일정에 넣었습니다. 감사 마음이 커질수록 독서도 더욱 재미있어졌습니다. 1년에 책 한 권도 안 읽던 주부였습니다. 일주일에 두 권 독서하고, 더 넓은 세상에 관심이 생기기 시작했습니다.

   책 속에 앞으로 걸어가야 할 인생의 힌트가 있을 것 같단 생각이 불현듯 들었습니다. 같은 책을 읽고 이야기를 나누면 많은 것을 깨달을 수 있을 것 같아 온라인 독서 커뮤니티를 알아보게 되었습니다. 그때 만난 커뮤니티가 〈빅맘의 북테라피〉입니다. 독서를 통해 자신을 발견하고 성장할 수 있었고 코치의 통찰력 있는 피드백에 길을 찾았다는 평이 많았습니다. 나는 무엇을 발견할 수 있을까 기대하고 커뮤니티에 참여했습니다.

   〈빅맘의 북테라피〉에서는 필독서를 읽고 한 문장을 찾아보고 생각하고 깨닫고 적용하는 본깨적을 기본으로 했습니다. 여기에 감사일기를 함께 나누며 무의식의 언어를 긍정 언어로 바꾸는 과정을 매일 반복합니다. 자신이 생각하는 사고방식과 패턴, 사용하는 언어, 표현하는 감정들, 목소리, 표정 하나하나가 매일 쓰는 본깨적과 감사일기에 나타나 있음을 빅맘 코치의 피드백을 통해 깨달았습니다.

   '지금의 나는 지난 과거의 결과로 나타난 삶을 사는 것이구나.'

   모든 일의 원인이 나였다는 것을 깨달았습니다. 결국, 내가 선택한 삶이었다는 것이 망치로 세게 얻어맞은 것 같았습니다. 이후 변화하고 싶다는 의지가 최대치로 끓어올랐습니다. 매일 책을 읽으며 본깨적 통해 내 안의 흥미가 무엇에 반응하는지 관찰했습니다. 아이들과 관련된 분야에 흥미를 느끼고 즐겁게 집중하고 있음을 알아차리게 되었습니다. 한 줄기 빛이 머릿속에 닿는 순간 불꽃이 반짝 튀며 과거에 관심이 있었던 동화 구연이 떠올랐습니다. 낯간지러운 목소리와 아이들이지만 사람들 앞에 나서서 말을 해야 한다는 부담을 이기지 못해 포기했던 동화 구연에 대해 알아보기 시작했습니다. 동화 구연 동영상부터 시작해 관련 활동, 취업처, 재능 기부 등을 알아보았습니다. 운이 좋게도 직접 구연 시범을 볼 기회가 있었습니다. 옛날의 낯간지러움은 온데간데없고 목소리에서 강한 활기가 내 몸을 관통하는 듯한 황홀함을 느꼈습니다. 순식간에 온몸에 소름이 돋으며 내 목소리에도 활기와 생생한 에너지가 뿜어져 나오길 기대하며 동화 구연 자격증에 도전하게 되었습니다. 지금은 배운 것을 바탕으로 집에서 아이들에게 재미있게 그림책을 읽어주고 있습니다.

이처럼 경험으로 얻은 좋은 기분은 다른 도전들로 계속 이어졌습니다. 책을 즐겨 읽는 이유 중 하나가 책 읽는 순간도 즐겁지만 읽고 나누는 시간이 편합니다. 아이들에게 책 읽어주고 함께 느낌을 나누고 싶었습니다. 쉽게 생각했지만, 막상 말을 이끌어 내는 것은 어렵다는 것을 알게 되었습니다. 아이들 눈높이로 질문을 하지 못했습니다. 이 점을 해결하기 위해 육아서를 찾아 읽다가 밥상머리 교육, 베갯머리 교육이 눈에 들어왔습니다. 유대인들의 소통 교육 방식인 하브루타를 알게 되었고 옳거니 '이거다' 하며 또 한 번 머리에 불이 켜집니다. 일사천리로 배울 수 있는 교육 기관을 알아보고 배우기 시작했습니다.

　수업의 절반이 생각을 표현하는 토론 수업으로 이루어졌습니다. 질문하는 방법부터 표현하는 방법, 아이들을 이야기 속으로 끌어들이는 재미난 방식들이 많았습니다. 하브루타의 매력에 빠져 엄마들과 하브루타 독서 모임을 만드는 기적까지 해내었습니다. 하브루타를 배우고 아이들과의 독후 활동에도 속도가 붙기 시작했습니다. 하브루타를 통해 완벽한 계획 없이도 특출난 재능이 없어도 아이들과 마음과 마음을 나누고 배우는 좋은 시간이 되었습니다.

　다양한 분야의 책을 읽으며 그동안 소홀했던 건강과 음식, 투자에서도 긍정적 에너지의 선순환이 이루어졌습니다. 초등학교 4학년쯤인가 체력장에서 뛴 오래달리기를 끝으로 달린 기억이 없습니다. 숨이 차서 힘들어 못 달리는 사람이라 여기고 살아왔습니다. 나를 믿고 매일 걷고 달렸습니다. 런데이 앱을 통해 1분 달리기부터 시작하여 3개월 꾸준히 달리며 기어코 5km 달리기에 성공했습니다.

　못할 것으로 생각해서 도전조차 생각하지 않았던 사고방식이 이 경험을 통해 완전히 바뀌게 되었습니다. 점점 더할 수 있다는 자신감이 생겼고 스스로 목표를 상향하여 10km 마라톤에 도전했습니다. 몇 달 뒤 집에서 가까운 곳에서 마라톤이 열렸고 혼자 참가했습니다. 수많은 사람 속에서 한 번도 쉬지 않고 묵묵히 제 속도대로 달렸습니다. 나는 해내는 사람이다 수없이 되뇌며 언덕에서도 내리막에서도 자신을 무한 응원했습니다. 처음 해보는 경험에 달리는 내내 웃음이 새어 나왔고 주변의 응원 소리에 소름이 끊이질 않았습니다. 일상생활 속에서 느껴보지 못한 해방감과 새로운 감사함을 느낄 수 있었고 운전면허 다음으로 한계를 깨는 경험이 되었습니다.

독서와 사색을 통해 정말 다양한 변화를 겪었습니다. 책 속에는 내가 알지 못했던 세상들이 생동감 있게 펼쳐졌습니다. 그래서 많은 것을 볼 기회를 얻을 수 있었고 생각을 이야기할 기회도 얻을 수 있었습니다. 기회는 곧 자기를 알아가는 과정임을 여러 경험을 통해 깨달았습니다. 나에게 이런 면이 있었나? 깜짝 놀라곤 합니다. 도전을 안 해봤다면 지금도 못 할 것으로 생각하고 이전과 같은 삶을 살았을 겁니다.

지금, 순간도 책 읽으며 다양한 경험을 찾아 도전하고 있습니다. 경험 속에서 얻은 깨달음은 저에게 살아가는 데 있어 든든한 무기가 되었습니다. 일상은 제가 찾은 무기를 갈고 닦는 시간입니다. 이제 꿈꾸는 엄마가 되어 아이들과 함께 성장하니 일상이 행복으로 가득합니다. 이제는 일상이 무기력하지 않습니다. 감사를 통해 무기력을 넘어, 자신은 물론 가족을 사랑하는 작가의 삶을 만들어 갑니다.

| 4 |

감사로 신나는 주부, 아내, 엄마가 되다

"나는 날마다 모든 면에서 점점 더 좋아지고 있다."
- 에밀 쿠에

기록하면 인생의 방향이 명확해지고 문제로 여겼던 것이 아무것도 아닌 일이 되며 고민은 쉽게 풀릴 수 있다는 김익환 교수님의 글을 보았습니다. 그동안 읽었던 책에도 기록에 대한 중요성이 많이 언급되어 있었습니다.

2023년 10월 기록을 하기 위해 블로그를 배웠습니다. 숙제로 내주는 일기 말고는 쓰지 않았고 간단한 메모도 귀찮아했습니다. 다이어리 쓰기는 매번 도전했지만 실패했습니다. 생각해 보니 열심히 기록했던 때는 직장 다니며 썼던 업무 일지가 전부입니다. 무엇을 써야 할지도 모른 채 일단 시작했습니다. 블로그를 하기 위해서는 닉네임이 필요했습니다. 대표가 되고 싶은 마음에 '오대표'로 글을 쓰기 시작했습니다. 블로그 지수라는 것을 배우면서 대중적이지 않은 것이 좋다는 피드백을 들었고 도전하는 마음으로 두 번째 '오멘토'가 되어 활동하게 되었습니다.

불리고 싶은 이름이었지만 불릴수록 나와 어울리지않다는 괴리감이 느껴졌습니다. 이름이 주는 책임감 때문에 누군가, 나를 호명하면 부끄럽기까지 했습니다. 불리는 이름에도 힘이 있다는 것을 그제야 깨달았습니다. 두 번의 실패 끝에 듣고 싶은 말보다는 나를 정의할 수 있는 단어가 좋겠다 생각했습니다.

현재 일상의 중심이 무엇인지부터 돌아보았습니다. 책, 배움, 기록, 읽고 배우며 기록하는 삶을 살고 있음을 알게 되었습니다. 그렇게 '책배기'가 되었습니다. 이후, 삶의 중심에 배움, 기록, 읽기가 중심이 되어 단단히 붙잡아 주고 있습니다.

20~30대 '나는 왜 이렇게 못났지?' 생각에 사로잡혀 새로운 것에 대해 접근하지 않았습니다. 인생에 조언해 주는 멘토 같은 선생님과 귀인을 만나는 행운을 누리지 못했습니다. 너는 착한 것 말고는 볼 게 없다며 혹은 그렇게 살지 말라며 저를 기죽이는 사람들의 목소리만 들려왔습니다. 아마도 내 안에 작은 마음이 그 소리를 걱정과 위안의 말보다는 그 사실을 인정하고 스스로 기를 죽였는지도 모르겠습니다.

40대가 넘어서야 삶의 멘토를 만났습니다. 살고 싶은 인생에 대한 진지한 고민을 비로소 하게 되었습니다. 누군가 무엇을 좋아하며 무엇이 하고 싶은지 물으면 모르겠다고 했던 대답이 이제는 내가 좋아하는 것과 하고 싶은 것들이 명확해지고 있습니다. 좋아하고 살아보고 싶다고 마음이 아우성치는 소리가 들려옵니다.

출구 없는 미로였던 제 인생에 드디어 출구가 생긴 기분입니다. 이 문 뒤에 어떤 길이 펼쳐질지는 모르지만 두려움을 반겨주면 항상 그 뒤에 용기와 기쁨이 뒤따른다는 것을 알기에 한 발 한 발 나아갈 용기를 가져봅니다. 달리기를 못한다. 생각했습니다. 저는 완주하면서 내 안의 한계를 내가 정했다는 생각을 했습니다. '까짓것 별거 아녔네'라는 마음을 되새기곤 합니다.

저는 여전히 전업주부의 삶을 살고 있습니다. 그러나 빈 껍데기가 아닌 알찬 주부의 삶을 삽니다. 저에게는 버려야 할 행동 3가지가 있었습니다. 첫째, 온종일 아이들만 바라보며 시간을 흘려보내지 않는다. 둘째, 해도 해도 끝이 없는 집안일로 시간을 모두 보내지 않는다. 셋째, 답을 알 수 없는 고민으로 시간 낭비하지 않는다. 중요하지 않지만 지금 해야 할 일들로 하루를 보내지 않기로 했습니다. 대신 중요하고 지금 급하지 않은 일들이 저의 시간을 채우게 되었습니다. 일상에서 허비되는 시간을 줄이고 매일 꾸준히 할 수 있는 것들로 시간 관리를 시작하면서부터 자투리 시간이 보이기 시작했습니다.

대중교통으로 이동하는 시간, 요리하며 기다리는 시간, 혼자 있는 시간, 천천히 산책하는 시간 동안 자신을 위해 투자할 수 있다는 것을 알고부터 시간이 황금처럼 느껴졌습니다. 아이들을 픽업하며 기다리는 시간이 황금 시간입니다. 너겟을 불판에 올려놓고 3~4분 기다리고 뒤집기 하듯, 지금의 시간이 쌓여가면서 성취라는 뿌듯한 기분을 안겨주는 경험을 했습니다. 아침에 일어나 하루 일정을 계획합니다. 가장 중요한 것이 무엇인지 우선순위를 정한 다음 너무 많은 것을 하고 있지는 않은지 덜 중요한 것에 집중하는 것은 아닌지 피드백하며 오늘을 가장 잘 살기 위해 내가 해야 할 것들을 적습니다.

아침에 눈 뜨는 순간부터 잠자리에 들기까지, 모든 활동은 이제 가치 있는 일들로 채워집니다. 삶은 더는 지루하지 않습니다. 매일 새로운 활력으로 다가옵니다. 저는 신나는 주부이자 아내, 엄마, 그리고 '꾸리는 책 배기'로 다양한 역할이 모여 저의 삶을 빛내주고 있습니다. 한때는 성공하기 늦었다고 생각했지만, 감사 속에서 작은 성취들을 이어가며 꾸준한 성장이 진정한 성공임을 깨달았습니다. 〈빅맘 위즈덤 스쿨〉 안에서 함께 성장하는 도반들을 보고 배웁니다. 때로는 의문을 가질 때 인생 멘토처럼 코치의 피드백이 도움이 됩니다. 시간 계획, 달리기, 식단까지 삶의 전반적으로 생명을 불어넣는 과정을 배우고 익혔습니다. 이것이 된다고 생각했던 의심이 든 적도 있습니다. 하지만, 적당한 시스템에 의해 돌아가고 적응하고 최선을 다할 힘을 받고 성취하는 삶을 만들어 가고 있습니다.

함께 성장하는 도반들을 바라보고 충만한 하루가 채워집니다. 보는 것,

듣는 것, 말하는 것, 발걸음을 옮기는 모든 방향이 달라졌습니다. 변화 속에서 제 인생의 주도권이 비로소 제 손안에 들어왔습니다. 이제서야 인생을 스스로 만들어 가고 있다는 생각이 자신감을 만들어 주고 있습니다.

책 읽고, 배우고, 기록하는 시간은 매일 어제를 넘어 자신을 만들어 줍니다. 오늘도 감사와 배움으로 나를 만들어 가는 길 위에 서 있습니다. 과거 무기력한 삶에서 감사로 주도권을 찾았습니다.

나의 경험을 글로 담아 세상을 이롭게 하는 작가가 될 수 있어 귀한 인생입니다.

하루 끝 감사일기

오늘도 풍요가 배가 되는 감사일기

1. 아침에 눈을 뜨자마자 시원하게 기지개를 켰습니다. 무탈하게 지나간 어제의 시간과 다시 새롭게 주어진 오늘의 시간을 온몸으로 느낄 수 있어 감사합니다. 아침이 가볍고 행복하니 하루의 출발을 가뿐히 시작함에 감사합니다.

2. 부끄럼 많고 도전을 싫어하는 초등 4학년 아들이 도전을 해보겠다며 말해왔습니다. 문제집 한 권을 다 풀어보겠다고 다짐한 아들의 목소리에 자신감이 넘칩니다. 용기 내 목표를 잡은 아들이 고맙고 아들의 선택을 기꺼이 지지해 줄 수 있는 엄마라 행복하고 감사합니다.

3. 내게 질문을 던지는 책 속 한 문장을 만났습니다. 산책로를 걸으며 생각하는 시간을 주었습니다. 덕분에 오늘도 1가지 깨닫고 교훈을 얻음에 감사합니다.

꾸리는 책 배기 확언 3문장

1. 나는 매일 감사를 끌어당기고 사랑과 풍요가 넘쳐난다.
2. 나는 가치 있는 사람이다.
3. 보고, 듣고, 말하고, 가는 곳마다 새로운 아이디어와 기회들을 선택하고 성공시킨다.

3장

작은 습관에서 감사로,
사랑을 온전히 표현하다

설담온 설보영

"나는 나를 믿습니다. 티끌만큼 작은 존재라도 우주와 신의 일부이므로."

| 1 |

일상의 사소한 감사로 기록하다

"문제는 항상 부모에게 있다."
- 서광 스님

11년간 전업주부로 보냈습니다. 우물 안 개구리처럼 제가 아는 세상이 전부라고 생각했습니다. 한정된 경험과 지식에 국한되어 넓은 시선을 갖지 못하고 살다가 2024년 8월 27일 〈빅맘의 북테라피〉를 만났습니다. 매일의 미션인 감사일기를 쓰면서 새로운 시선을 가지게 되었습니다. 작성하면서 저의 우물 밖 세상에는 멋진 날개를 가진 새도 있고 청량감 넘치는 하늘에 둥실둥실 구름 떠가는 모습도 보였습니다. 저와 아이만 바라보던 시선에서 점점 세상을 바라보았습니다. 첫날, 감사일기를 작성할 때가 생각납니다. 막막하고 도무지 감사할 일이 무엇이 있을까 알 수 없었습니다. 쓰는 데 오랜 시간이 걸렸습니다. 쓰면서 부정적으로 반응하고 있다는 것을 알게 되었습니다.

감사일기를 작성하고 읽으면서 어두운 언어가 많고 밝고 희망찬 부분이

3장 작은 습관에서 감사로, 사랑을 온전히 표현하다

부족한 것을 알아차렸습니다. 초등학교 고학년 때쯤 내향적인 성격이 싫어 외향적인 사람으로 바꾸고 싶다는 생각을 했습니다. 두 성격의 중간 지점을 찾아보자는 생각에서 시작되었던 마음이 중년이 되어서야 글을 쓰고 들여다보니 보이기 시작했습니다. 중간 지점이 뭔지도 모르면서 차차 외향과 내향과는 거리가 먼 어정쩡한 성격이 되어 버렸습니다.

철도공무원이셨던 아빠는 일상에서 화가 많으셨고 엄마는 아빠의 뜻을 다 받들어 주고 존중하고 사셨습니다. 친할아버지는 아빠 중학교 때 돌아가셨고 할머니는 애지중지 귀하게 오냐오냐하며 키웠기 때문에 자기를 먼저 생각하는 분이 되셨다는 것을 들었습니다. 엄마는 할머니 탓도 하셨지요. 집안 분위기는 항상 험했고 불안했습니다. 시간이 지나고 나이가 들어, 아버지는 눈물을 흘리시며 외롭다 엄마한테 말씀하셨지만, 따뜻함과 거리가 멀었기에 다가가기 쉽지 않았습니다. 제가 생각한 아버지의 모습은 직장 다닐 때 도시락을 싸서 가셨는데, 국물이 흐른다고 불만을 잔뜩 늘어놓고, 엄마에게 화를 내셨던 모습이 생각납니다. 문을 쾅 닫고 나가는 게 아버지의 일상이었습니다. 문소리와 아빠의 목소리가 듣기 싫어 귀를 막은 시간이 저의 어린 시절 아버지에 대한 기억입니다. 지나고 보니 그때 부모님도 마음 표현을 어떻게 하는지 모르셨고 먹여주고 입혀주고 재워주면 최고의 부모라고 생각하셨다는 것을 자녀를 키우면서 이해되기 시작했습니다. 어린 시절 저는 하루라도 마음 편할 날이 없고 불안한 마음이 늘 내재되어, 웃는 날이 거의 없었습니다. 제가 잘 웃지 않는 것도 어릴 적 분위기가 한몫한 건 사실이지만 그걸 탓하고 싶지는 않습니다. 지금은 어른이 되어 제가 선택하는 것이 익숙하지 않아 늘 고민이었습니다. 어른이 된 저는 희망보다는 부정과 불안이 따라다니는 그림자 같았습니다. 밝은 옷이 없었습니다. 검은색, 회색 위주의 옷들만 입고 다녔지요. 왜 공부해야 하는지 목적도 분명하지 않고 늦게 온 사춘기 시절 거의 홀로 지내며 외톨이에 가까운 생활을 했습니다.

가슴 깊이 잊고 지냈던 어린 시절을 돌아보며 글쓰기를 하고 있습니다. 사실 제가 이렇게 글을 쓸 수 있었던 용기는 아이와 함께 받은 심리 컨설팅 내용 때문입니다. 아이와 관계가 나빠져 문항 조사를 받아 본 결과 저의 학창 시절 친구 관계를 통한 사회화가 되지 않은 것도 문제였습니다. 친구를 통해 나를 바라볼 수 있는 거울 효과가 없어서 스스로 돌아보지 못했다는 말씀에 무척 놀랐습니다. 과거까지 거슬러 올라가니 아이 혼자만의 문제가 아님을 깨달았습니다. 그동안 아이에게 문제가 있다고 생각했는데, 저를 돌아보는 것이 무엇보다 중요하다는 것을 인식하게 되었습니다. 자녀를 위해 자신을 노출시키고, 작은 도전을 매일 하고 있습니다. 제가 변하고 행복해야 아이가 행복하다는 것을 알게 되었습니다.

처음 줌 강의에서 어색하고 불편한 감이 있었는데 잘 웃어본 사람이 예쁘게 웃는구나 〈빅맘의 북테라피〉에 와서 환하게 웃음 짓는 도반들을 보며 점차 밝아지는 것을 느낄 수 있었습니다. 저에게는 없는 온화함과 주위를 녹이는 따뜻함이 부러웠습니다. 감사일기를 10개월 쓰다 보니 확연히 달라진 모습이 보였습니다. 가장 큰 변화는 무의식 언어를 파악하고, 올바른 방향으로 나아갈 수 있다는 것을 알게 되었습니다.

평소 쓰던 말과 행동을 고스란히 드러내면 코치의 피드백으로 알지 못했던 무의식 세계를 들여다볼 수 있었습니다. '내가 이렇게 말하고 있었구나!' 뇌 깊은 곳에 뿌리박혀 있는 습성을 집게 핀으로 가리키며 걷어내야 할 부분을 정확히 짚어 주셔서 감탄 그 자체였습니다. 피드백이 없었다면 아무런 변화를 느끼지 못할 정도로 감사일기는 피드백이 전부라 생각될 정도였습니다. 일기에는 주로 아이 이야기가 많은 부분을 차지하고 있었습니다. 코치는 그동안 고민이었던 훈육 부분에 대해서도 경험을 담아 의견 주셨습니다. 저의 환경에 대입해 보고 아이의 눈높이에 맞게 만들어 가면서 적용할 수 있어서 감사했습니다. 차츰 주변에 계신 분들과 소통을 하면서 따스함을 채워가고 있습니다.

남들과 비교하지 않고 저만의 스타일로 걸어가고 있습니다. 과거 저는 늘 남들과 비교하고 기가 죽고, 의기소침했습니다. 사소한 것에 감사한 마음이 생기니 자연스럽게 나를 대면하게 됩니다. 지금까지 자신을 사랑하지 않고 믿지 못하고, 돌보지 않았다는 것을 알게 되었습니다. 거울에 비친 내 모습이 낯설어 딴 사람을 보는 듯했습니다. 애처로운 마음이 들어 눈물도 흘렸습니다. '뭘 하고 살았길래 나 한번 돌봐주지 못했을까, 왜 사랑하지 않았을까?' 마음이 아팠습니다. 감사하는 마음으로 차츰 양지로 끌어주는 환한 빛을 봅니다. 과거에 거쳐야 하는 과정들을 모르는 척 넘어갔더니 큰 문제에 봉착하게 되었습니다. 과거를 탓하고 싶지 않습니다. 지금이라도 알아차린 것을 다행이라 여기며 도전 중입니다. 과거 이런 자신을 싫어하며 도망쳤지만, 이제는 오늘을 충실히 보내고 있습니다. 현재 감정은 여유로운 마음으로 한결 평화로운 상태인 것이 기쁩니다.

감사함을 통해 일상의 작고 평범한 것들이 얼마나 고귀하고 위대한 것인지 알아갑니다. 분명 과거의 어느 날 같은 상황인데, 오늘은 다른 세상이 보입니다. 하루가 경이롭다는 생각을 자주 합니다. 당연한 것이 없고 존재하는 모든 것에 감사한 마음을 담습니다. 포용하는 마음도 조금씩 넓혀져 경직되지 않고 유연하게 대처하는 모습도 느낄 수 있습니다. 몇 발짝 떼어낸 자리에서 객관적으로 보게 된 것도 큰 보상을 얻은 듯 반가웠습니다. 감사일기로 나를 알아간다는 것은 축복입니다.

감사일기를 쓰면서 글쓰기 실력이 늘어가고 있는 것도 장점입니다. 처음 세 줄이 지금은 간단한 수필처럼 점점 늘어가고 있거든요. 의무로 시작했던 것이 이제는 즐거움으로 쓰고 있습니다. 글 쓰면서, 생각하지 못했던 나를 마주합니다. 빅맘 코치는 오감을 통한 글쓰기를 설명해 주셔서 시도해 보는 것도 재미있습니다. 도반들의 잘 쓴다는 칭찬에 어깨 으쓱하기도 하고 잘 쓰기 위해 노력하는 나를 생각하면 웃음 짓기도 합니다.

매일 감사일기 쓰다 보니 장점들이 많습니다. 삶이 더 좋은 방향으로 흐르고 있습니다. 이젠 쓰는 것이 어렵지 않고 술술 나옵니다. 즐겁습니다. 누구나 처음은 힘들고 어려운데 매일 하면 글 쓰는 것도 실력이 됩니다. '하다 보면 늘게 되어 있구나!' 체감할 수 있었습니다. 매일 쓰면서 긍정의 나를 아침마다 만납니다. 아이를 이해 못 하고 힘들어했습니다. 이제는 상담을 통해 내면의 아이를 만나 토닥토닥 안아 줍니다.

"그때 너는 힘이 없었어. 그러니 너 잘못이 아니야. 이제 내가 너를 더 사랑해 줄게." 아침마다 스스로 안아 줍니다. 그리고 희망과 따스한 문장으로 작성합니다. 저를 사랑하고 채워지니, 아이를 보는 마음이 변화되어 갑니다. 문제는 아이가 아니라 저의 어린 시절이라는 것을 알아차렸습니다.

심리 컨설팅은 큰 도움이 되었지만, 한두 번으로 무의식을 변화시키기 어렵습니다. 다행히 감사일기를 쓰고, 빅맘 코치를 만나 저도 모르는 무의식 속 언어를 알아차릴 수 있었습니다. 고마운 마음이 생기고, 인생에서 중요한 것을 체험했습니다. 혼자서는 알지 못하는 무의식 언어를 〈빅맘의 북테라피〉와 함께하며 따스한 마음으로 물들여 보는 것도 좋습니다.

엄마가 되고, 심리 상담을 하면서 알게 된 것은 부모였던 아버지 어머니도 감정 표현이 서툴렀다는 것을 알게 되었습니다. 제안에 있던 분노가 서서히 작아졌습니다. 어느 날 원망과 미움으로 가득 찼던 아버지도 '외로움과 슬픔에 눈물 흘린 가장이었겠구나.' 지금에서야 보이기 시작했습니다.

건강하게 저를 키워준 부모님의 마음을 보고 나니, 자녀인 아들의 마음을 알아가는 시선도 느낄 수 있습니다. 더는 주변으로부터 상처를 덜 받습니다. 저는 소중한 존재임을 알아가고 있습니다.

"나는 나를 믿습니다. 티끌만큼 작은 존재라도 우주와 신의 일부이므로, 오늘도 감사한 마음 가득합니다. 감사합니다." 거울 보고 대화합니다. 삶이 조용하고 감사가 가득해 감사합니다. 무기력한 하루, 때로는 불안했던 지난날, 아무것도 해결할 수 없었던 어두움이 차차 세상에 의미를 두고, 사랑으로 볼 수 있습니다. 사랑하니 보입니다. 엄마가 되어 용기를 냅니다. 감사하는 마음은 이런 저를 세상으로 안내해 줍니다. 인생은 감사가 전부입니다.

| 2 |

아들을 향한 사랑을 글로 표현하다

"마음을 다스리는 자가 가장 강한 자다."
- 공자

아이 초등학교 1학년 때 요양 보호사 자격증 취득을 위해 교육원에 다니던 중 행정 직원으로 일할 기회가 있었습니다. 집에 혼자 두기 어려워 하교 후 YMCA에 보내게 되었습니다. YMCA에서 다른 아이들과 문제가 있었고 담임선생님께 반항적인 말을 한다는 연락을 받았습니다. 괜히 일한다고 해서 적응을 못 하는 건 아닐까 고심했습니다. 두세 달 정도 다니고 그만두었습니다. 아직은 때가 아니고 학교생활 적응에 시간을 들이는 것이 더 중요하다고 생각했습니다. 함께 있으면 아이에게 사랑을 듬뿍 줄 수 있을 거라 판단했습니다. 시간이 흘러 아이도 적응하며 잘 지내는 듯했습니다. 작년 6월부터 자기 계발하며 블로그도 시작했습니다. 생각보다 할 일이 많아 아이에게 소홀한 점도 있었고 책상에 매달려 있느라 하교할 때도 관심을 주지 못했습니다. 적당히 식사 차려주고 숙제 도와주고 하루를 보냈습니다. 이렇게 지내면 되는구나 아무 탈 없이 순탄한 날들을 보냈습니다.

그러나 2학년 말쯤에서 3학년 초 아이가 말과 행동이 거칠어지고 사나워졌습니다. 매일 지옥을 만난 듯 편하게 지나간 날이 없었습니다. 부딪치면 서로 원수처럼 날을 세웠습니다. 저의 어른답지 못한 말과 행동으로 아이는 울면서 문을 쾅 닫고 들어가 버리고 혼자 중얼중얼하는 게 들렸습니다. 저 역시 소리치고 화를 가라앉히지 못했습니다. 아이가 세상 미웠고 막말하는 아이가 이해되지 않았습니다. 저 역시 아이를 감정적으로 대하기 시작했습니다. 하루는 인격 모독에 가까운 말을 하길래 문 닫고 소리 내 목놓아 펑펑 울기도 했습니다. 아이한테 이런 말까지 들으니 너무 비참했습니다. 발로 차고 폭력도 시작되었습니다. 폭력적인 아이가 될까 봐 무서웠습니다. 하루빨리 원인을 찾고 아이가 고학년 올라가기 전에 대책을 세우지 않으면 무슨 큰일이 벌어질 것만 같았습니다.

당시에도 감사일기를 쓰긴 했지만 힘든 상황이 반복되니 도무지 쓸 말이 생각나지 않았습니다. 절망하며 앞길을 어떻게 헤쳐 나가야 할지 막막해 숨고도 싶었습니다. 아이가 다녔던 어린이집 원장님께 연락을 드렸습니다. 성향 파악을 잘하고 계셨고 힘들고 도움이 필요할 때 언제든 연락하라고 하셨거든요. 상황을 설명하며 상담받고 싶다 말씀드렸습니다. 본인이 직접 상담하면 아이가 부담스러워할 수 있으니 다른 분을 소개해 주셨습니다.

중간에 〈빅맘의 북테라피〉를 그만두고 아이에게 시간을 쏟아부어야 할까 고민도 했습니다. 괜히 자기 계발한다고 저녁도 제시간에 챙겨 주지 못했고 마음을 나누는 시간도 신경 쓰지 못한 미안한 마음 컸습니다. 모든 걸 다 멈추고 아이에게 집중하면 상황이 나아지지 않을까 애태웠습니다. 평소 함께 공부하는 도반에게 고민을 털어놓았습니다. 빛이 보이지 않는 터널에서 다 내려놓고 아이에게 매달리고 싶다고 했습니다.

"지금 나가게 되면 다시 돌아오기 힘들어요. 오로지 아이에게만 집중한다고 문제가 해결되지는 않고요. 나를 알아가며 내면을 단단하게 가꿔 나가는 게 오히려 도움이 될 거예요."

말씀하시고 위로와 격려를 해 주셨습니다. 지금 돌이켜 보니 마음을 다시 잡도록 조언 주셔서 감사합니다. 덕분에 '그래 혼자 가면 외롭고 더 힘들 수 있겠다 싶어 함께하다 보면 해결책이 생기겠지.' 하는 마음으로 다잡던 순간이 감사합니다. 돌이켜 보건대 그때 그만두었다면 빙빙 제자리 돌며 나아가지 못했을 거라는 생각이 듭니다. 힘들지만 저와 아이를 동시에 성장시켜야 한다는 위기감, 시간이 별로 없다는 절실함도 한몫했습니다. 서로 묶여 있는 문제라 저의 변화가 먼저 필요했지만 동시에 아이에게도 바로 적용해야 했기에 나를 단단하게 만들어 가는 과정이 급선무였습니다. 컨설팅을 3월 9일~4월 11일 동안 다섯 번 받았고 중간중간에 전화 통화로 도움 말씀도 주셨습니다. 금액이 부담스러웠습니다. 하지만, 지금 중요한 시간임을 알고 동아줄을 잡는 심정으로 속마음을 가감 없이 풀어놓았습니다. 아이와 저는 정반대 행동 유형이었습니다. 생각을 먼저 하고 행동하는 저와 행동 먼저 하고 생각하는 아이, 달라도 전혀 달랐습니다. 그때쯤 학기 초 상담 기간에 담임선생님의 전화가 먼저 왔습니다. 평소에는 괜찮은데 기분이 나쁠 때 종종 친구들을 거칠게 대하고 화가 나면 반항을 한다는 것이었어요. 집에서는 어떻게 생활하는지, 최근에 무슨 일이 있었는지 여쭤보셨습니다. 집에서도 반항적이긴 한데 이유를 모르겠다 했습니다. 걱정되어 모래놀이 치료받고 있고 그 원인을 찾아보겠다 했습니다.

상담소에서 통제로 인한 압박이 터질 대로 터져 이제는 폭발하는 단계에 이르렀다는 것을 알게 되었습니다. 마찰이 생길 수밖에 없었구나 이해하는 계기가 되어 다행이었습니다. 저의 어릴 적 환경과 태도가 아이에게도 영향을 미친다는 사실에 두렵기까지 했습니다. 아이 탓하기보다 내가 먼저 다듬어지지 않았다는 결론에 이르자 아이가 피해 보고 있다는 사실로 마음이 슬펐습니다. 하루는 상담실 밖에서 기다리고 있는데 안에서 '드륵드륵' 쇠가 갈리는 소리가 나서 불편한 마음이 들었는데 끝난 후 소장님께 들어보니 아이는 그 소리가 좋다고 했답니다. 불안하고 마음이 편하지 않은 것이라 설명해 주셔서 울컥했습니다. 컨설팅에서는 엄마가 감정 표현하지 못하는데 어떻게 아이에게 감정을 알려줄 수 있겠느냐는 말씀에 뼈가 녹아내리듯 참담했고 저의 문제였음을 직시할 수 있었습니다. 중간에 전화로 조언을 구하기도 했는데 요즘은 어떻게 지내는지 여쭤보셔서 치실 가지고 실랑이가 있었다 말씀드리니 치실 가지고 싸우는 엄마는 처음이다. 게임으로 고민하는 엄마는 봤어도 하셔서 또 사소한 것에 집착했다는 것을 알아차렸습니다. 스스로 하게 놔두어야 하는데 마냥 어린아이로 대응했다 하셨어요. 말씀 듣는 순간 남편과 어머니를 떠올렸습니다. 장남 아들에 대한 과도한 집착에 곁에서 보고 힘들었는데 똑같은 상황을 만들고 있었다는 걸 알고, 충격이었습니다. 아이는 커가고 있는데 저는 어린아이 수준에 머물러 있었습니다. 함께 성장해야 한다는 사실을 깊이 깨닫는 순간이었습니다.

잔소리를 줄이고 아이 마음을 먼저 헤아리라는 조언을 들으며 부끄럽고 혼나는 아이 같았습니다. 아이에게 "엄마는 너의 적이 아니야. 우리는 한 팀이야 너를 도와주려는 거야."라고 했지만, 제 말과 행동이 달라 설득력이 없었습니다. 저는 아이에게 거짓말쟁이처럼 보였을 겁니다. 보이지 않았던 것들이 보이기 시작했습니다. 나는 이런 사람이구나 컨설팅과 상담을 통해 자신을 파악할 수 있는 시간을 갖게 된 것이 무엇보다 큰 성과였습니다. 육아서도 멈추지 않고 읽기 시작했습니다. 그동안 풀어지지 않던 문제를 바라보며 새로운 시선으로 자신이 변해야만 아이가 변할 수 있다는 깊은 깨달음을 얻었습니다. 오늘도 잔소리를 줄이고 아이 편에서 생각해 봅니다. 감사하는 마음을 차곡차곡 쌓아 긍정의 뿌리를 내리고 있으니 마음도 안정되고 아이 존재만으로도 축복이라 생각하게 되었습니다. 아이가 원하는 것을 이해하고 이유를 묻자 짜증 대신 대화가 가능해졌습니다. 게임 시간을 조율해 평화롭게 합의하니 스스로 수긍하고 만족했습니다. 예전처럼 밀어붙이지 않고 상황에 따라 설득할 수 있음을 보여줄 수 있었습니다. 무조건 막기보다 이해와 관심이 신뢰와 성장을 돕는 것을 깨달았습니다.

장녀로 여동생들과 자라면서 큰 어려움 없이 지냈지만, 아들은 전혀 다른 신세계였습니다. 아이의 마음을 얻고 감정적으로 기대고 쉴 있는 것이 중요함을 깨달았습니다. 원하는 것을 불필요하다는 시선으로 막고 차단하기보다 경험하게 하고 스스로 판단하도록 기회를 주는 것이 관계 회복의 길이었습니다. 늦게라도 깨달았으니 다행입니다. 아이를 내 기준으로 재단하지 않고 자기 삶을 만들도록 돕고자 합니다. 자녀와의 갈등 속에서도 감사일기를 놓지 않았기에 무너지지 않고 오히려 단단하게 아이와 성장할 수 있었습니다. 아이의 편에서 생각할 수 있는 단단함, 그것이 엄마로 해 줄 수 있는 선물임을 이젠 알아가고 있습니다. 서툴지만 사랑합니다. **아이의 모든 것을 있는 그대로 사랑합니다.** 오늘도 저의 서툰 사랑을 다듬어 나아가고 있습니다.

| 3 |

공동체가 키워준 부모의 성장

"'내 헛되이 살지 않았노라.' 속삭일 수 있게 하소서."
- 맥아더 장군의 자녀를 위한 기도문

아이는 밥을 조금 먹고 과일을 좋아하는 편입니다. 화날 때면 약도 음식도 다 싫다 해서 걱정이 되기도 합니다. 병원에 가자고 해도 거부하고 매번 쉽게 넘어가지 않아 마음이 무겁습니다. 과정을 통해 엄마와 아이가 함께 성장하는 것이라고, 생각합니다. 늘 서툰 육아를 자책할 수는 없고 오늘도 노력 중입니다.

지인 중에 스물일곱 살 외아들을 두신 분이 오은영 박사의 금쪽이를 보고 계신다고 해서 놀랐습니다. 그분의 훈육 이야기를 들으며, 챙길 것이 많다는 이야기를 해 주셨는데 본인 이야기를 하면서도 정답은 아니지만, 진심으로 말씀해 주신 모습을 보고 또 다른 저를 보는 듯했습니다. 저는 예민한 특성이 결혼 전 혼자였을 때는 남들과 다른 특별한 것으로 간주하며 좋게 생각했는데 제 자녀가 이런 특성을 보일 때면 까탈스럽고 예민하게 보여 목에 뭐가 걸린 듯 답답하기도 했습니다.

 밥을 잘 먹지 않는 것도 심리적인 원인이 더 큰 것을 알고 천천히 풀어가고 있습니다. 하루는 수월하게 잘하고 있다가도 어떤 날은 다시 원점으로 돌아가는 허탈감을 느낄 때도 많았습니다. 공든 탑이 무너지듯 한순간에 허물어지는 감정이 들었지만 세웠다 무너졌다 반복하다 보면 언젠가는 나아지리라 믿습니다. 조급해 한다고 빨리 이뤄지지도 않을뿐더러 아무 소용 없는 일이라는 것도 느끼고 있는 요즘입니다.

 아이가 밥을 잘 먹지 않는 문제는 단순한 식습관이 아니라, 엄마인 저를 시험하는 긴 여정같이 느껴졌습니다. 적은 양을 겨우 먹고는 과일을 먹는 모습은 여전히 저의 마음을 무겁게 합니다. 숟가락을 내려놓고 배부르다는 말 한마디에 저녁을 위해 준비했던 정성이 무너져 내리고 속상합니다. 괜히 화가 나서 목소리도 커지고, 아이는 마음의 문을 닫고 저는 그때마다 자신에 대한 자책으로 '나는 왜 이렇게 서툴까?' 속상한 마음으로 시간을 보내고 있었습니다.

 하지만 감사일기를 만나고 시야가 확장되고 인생에 작은 빛이 들어오기 시작합니다.

 "오늘 밥을 거부했지만, 대신 과일을 맛있게 먹어주었구나." 그 한 줄을

적으며 마음이 차분히 가라앉는 경험을 했습니다. 아이의 부족함이 아니라, 오늘 내가 받을 수 있었던 작은 선물을 보게 되었습니다. 이제는 왜 안 먹어 대신 오늘 어떤 것이 먹고 싶을까 물어보고 있습니다. 말투 하나가 달라지자 아이 표정도 조금씩 풀어져 갑니다. 감사일기는 저에게 새로운 언어를 가르쳐 주고 있습니다. 화 대신 기다림의 언어로 다그침 대신 다독임을 배우게 되었습니다. 물론 여전히 밥상 앞에서 아이는 고집을 부립니다. 하지만, 저는 이제 아이를 통해 패배감을 느끼지 않습니다. 감사일기를 쓰는 엄마는 아이의 변화를 재촉하지 않고 마음의 변화를 먼저 바라보기 때문입니다. 오늘 하루도 쓰러질 것 같은 하루를 보내고 있습니다.

오늘 저녁은 나 자신에게 "나는 다시 일어설 수 있다." 문장을 남깁니다. 감사일기는 결국 아이를 바꾸는 것이 아니라 저를 바꾸는 과정이었습니다. 나의 온기를 아들에게 전하는 날이 올 수 있다 믿습니다. 그날의 밥상에는 따뜻한 감사의 온기가 가득할 것입니다. 감사일기를 쓰며 하루를 다독였던 마음은 끝내 아들을 위한 기도로 이어졌습니다. 기록하다 보니, 아들을 위한 간절한 기도가 되었습니다. 하루의 감사를 쓰는 손끝이 멈추면, 아들의 마음을 위해 기도합니다. 감사의 기록은 나를 단단하게 했습니다. 오늘은 아들에게 편지를 적어 봅니다.

사랑하는 아들 건스에게

엄마가 세상에 태어나서 가장 행복했던 순간은 너의 첫 울음소리를 들은 순간이란다. 지금도 생각하면 그 순간을 평생 잊지 못할 거야. 너의 우렁찬 목소리에 설렘 가득했고 빛나는 눈동자를 보는 순간 세상에서 가장 잘한 일이라 자랑스러워했지. 때때로 힘들 때도 있었지만 네가 있음으로써 삶의 가치를 더 생각하게 되고 엄마와 어른으로 성장할 기회도 만들어 준 최고의 아들이라고 생각한단다. 함께 성장한다는 의미는 이런 것 같아. 탁구, 텃밭, 영어 학원을 가고 줄넘기를 함께 다니면서 너와 걸어가는 모든 순간이 행복이었고 축복이라는 생각을 했단다.

어느새 열 살, 대견하고 잘 자라준 너를 볼 때마다 경이롭고 보배가 따로 없다 생각한단다.

서로 표현하는 언어가 달라 학기 초 많이 힘들었지. 이유를 엄마가 알아냈단다. 둘 다 다른 성격이고 엄마의 내적 불안과 감정 표현이 서툴러 사랑을 준다고는 했는데 어린 너는 받아들이기 힘들었던 거지. 엄마 마음은 그렇지 않은데 사랑 표현이 서툴렀다는 것을 알았단다. 알고 보니, 그동안 반발한 것도 통제와 간섭으로 자유를 달라는 외침이었어. 엄마도 엄마를 모르면서 너를 키웠던 것 같아.

이제 알아가고 있으니 엄마에게 변화의 시간을 주면 좋겠어. 천천히 같이 이해 보자. 잔소리 줄이고 눈빛으로 말해 볼게. 감동으로 아이를 키울 수 있도록 노력할게. 너와 갈등 시간을 보내는 시간도 서툴지만, 조금은 다듬어지려고 노력 중이란다. 말이 아닌 행동으로 매일 실천을 쌓고 기도도 하고 감사일기도 작성하고 있어.

아침 일찍 일어나 책을 펼치면서 좋은 엄마 되는 모습을 상상하고 노력하고 있지. 어느새 100일을 넘기고 습관으로 만들었어. 과정에서 성취감이 올라오고 자신감이 생기고 있단다. 자신감은 자존감으로 직결된다는 걸 알게 되었단다. 자존감이 올라가는 것은 거창한 게 아니었어. 예전에 엄마는 성공은 위대한 사람만 하는 것으로 알고 있었거든. 매일의 작은 성취가 모여 위대해진다는 것을 알아가고 있단다. 매일 작고 귀찮은 걸 하는 사람이 진정 승리자라는 것을 서서히 알아가는 중이란다.

예전에는 빛이 없는 길을 혼자 가고 있다고 생각한 적도 있었어. 하지만 지금은 달라. 지금은 빛이 어느 방향을 향하고 있는지 알고 가는 느낌이야. 이제야 서툰 엄마의 사랑이 무엇인지 매일 어떻게 노력해야 하는지 보이기 시작해. 너에 대한 사랑과 믿음이 얼마나 중요한지 10년이 지나고서야 온몸으로 깨닫고 있단다.

많이 부족한 엄마지만 우리에게 와준 너를 온 마음 다해 고마워하고 사랑한단다. 아빠랑 엄마랑 함께 손잡고 웃어보자. 넌 '재능충'이라 스스로 말했지. 한계가 없는 너의 모든 가능성을 열렬히 축복해. 너의 열정을 보면서 무엇이든 이룰 수 있다 굳게 믿고 있어. **아들의 성장하는 모습을 지켜보는 축복이 행복이라는 것을 감사한 마음으로 바라본단다.** 건강하게 함께 웃으면서 보는 이 시간이 감사해.

나의 멋진 건스 사랑해!

4

감사가 관계를 깊게 만든다

"100일을 지속하면 본질이 바뀐다."
- 중용 공자

감사일기에 대한 코치의 피드백을 통해 나라는 사람을 알게 됩니다. 문득 **'아이가 있어서 나를 돌아볼 기회를 주고 있었구나!'** 평생을 모르고 지나칠 수도 있었는데 천만다행이라 생각되었습니다. 아이는 어른의 스승이라는 말이 자주 생각납니다. 어떨 때 보면 어른스러운 말에 깜짝 놀라곤 합니다. 저런 생각까지 하는 줄 미처 몰랐습니다. 아이는 받는 것보다 몇 배로 용서해 주고 기다려 주고 있었습니다. 훈육에 앞서 제가 변해야 한다는 기본 전제를 온몸으로 깨닫고 바른 방향으로 가기 위해 노력하고 있습니다. 사랑하는 아들에게 따스하고 이쁜 언어를 사용하고자 오늘도 시작을 감사로 합니다.

김승호 회장의 『돈의 속성』에서 능구와 공부 부분에서 중용에 나오는 능구의 구는 지속을 의미합니다. 바꾸거나 깊은 염원이 있으면 100일을 지속하면 본질이 바뀐다는 공자의 가르침이 있는데 〈빅맘의 북테라피〉에서 새벽 기상, 정리 정돈, 공모주, 혼자 생각하고 걷기를 통한 100일 챌린지가 있습니다. 그중 연초부터 하던 매일 소액 저축은 꼬박꼬박 자동이체 걸어 놓은 것을 왜 굳이 인증하라는 것인지 이해가 되지 않고 괜스레 짜증이 나기도 했습니다. 인증을 위한 인증이라는 생각도 들고 과정이 왜 필요한지 이해가 안 되었습니다. 함께하는 도반들도 열심히 인증하고 빅맘 코치도 인증하라는 권유로 투덜거리며 그래도 해 보자, 이유가 있겠지 생각하고 따라갔습니다. 100일 동안 인증을 하면서 느낀 것은 놀라웠습니다. 단순히 인증인데 무엇을 이루고 꾸준히 한다는 것은 자신과 싸움이었습니다. 아주 작은 행동인데도 그 행동을 꾸준히 한다는 것은 쉽지 않았습니다. 작은 성취가 모여 자신감이 생기고 그 자신감은 다음 단계로 나가는 용기를 줍니다. 더불어, 함께하는 도반들과 서로를 응원하는 모습도 인상적이었습니다. 나의 행동이 누군가에게 도움을 주고 함께 한다는 힘을 알 수 있는 시간이었습니다. 나의 작은 행동이 누군가의 선한 행동에 도움을 줄 수 있다는 마음도 감사하며, 풍요롭게 변화된다는 것을 알아가고 있습니다.

이제는 인증을 왜 해야 하는지 누구보다 잘 알고 있습니다. 인증을 통해 하루 습관을 들이며 자신을 다지게 되는 효과가 있었습니다. 루틴을 지켜가며 흐트러지지 않는 정신력, 하고야 말겠다는 의지력을 통해 자신감과 자존감은 그 어느 때보다 충만해지기 시작했습니다. 어느 한 분 알아주는 것이 중요하지 않습니다. 스스로가 용기를 주는 행동이고 테스트하는 공간이라는 생각을 했습니다. 도반들과 감사하게도 같은 공간에서 함께하는 힘은 동기 부여와 큰 원동력이 되었습니다.

작심삼일이라는 마음이 사라졌습니다. 남편은 저보고 작심삼일을 작은삼촌으로 빗대어 부르며 삼촌은 잘 지내시느냐 비꼬기도 했습니다. 이제 작은삼촌은 필요 없습니다. 제 인생에 아마 평생 없어도 되는 삼촌일 겁니다. 챌린지를 끝내고도 새벽 기상과 8,000보 걷기는 유지하고 있습니다. 이제껏 해 왔는데 멈추기보다 몸에 습관이 되어 저절로 루틴처럼 자동 플레이되고 있습니다. 이 습관이 저에게 할 수 있다는 용기와 희망을 주고 있습니다. 할까 말까 망설이지 않고 묵묵히 하던 것을 몸에 습관처럼 쌓고 있습니다. 저에게 주는 성취감은 이루 말할 수 없는 큰 선물로 돌아왔습니다. 앞으로는 뭐든 할 수 있습니다. 단순히 실행하지 않고 두려워하지도 않습니다. 챌린지에서 받은 선물은 나를 단단하게 만드는 시간이었습니다.

감사일기와 더불어 100일 동안 체질을 바꿔 새롭게 태어났습니다. 꾸준히 해내고 나니, 과거의 저도 보이고 아직 루틴을 지키지 못하던 분들의 마음도 보입니다. 제가 그랬으니까요. 정립되지 않으니 불안하고 그 불안은 아이에게 전달되었을 것입니다. 처음에는 아이를 배려한다는 차원에서 하나하나 친절하게 설명해 주고 미리 어디를 갈 것이고, 무엇을 할 것이다 알려주곤 했습니다. 저만의 방식이 민주적이고 옳게 간다고 믿었습니다. 본질을 깨우치지 못하고 겉모양에 취해 있었습니다. 얼마나 옹졸하고 어른스럽지 못했는지 10년이 다 되어가니 비로소 보입니다.

　젊은 세대들이 결혼을 선택하고 출산도 자유라고 하지만, 저는 세상에서 가장 잘한 일이 아이와 함께하고 아이를 탄생시킨 일이라고 생각합니다. 아이가 없었다면 내가 누구인지 어떤 사람인지 알아채지 못했고 그냥 살아갔을 삶입니다. 때로는 아이가 주는 폭우가 감당하기 어려울 만큼 퍼붓기도 하지만 그로 인해 문제점을 발견하고 해답을 찾게 되니 무엇보다 감사한 일이기도 합니다.

　자녀를 키우면서 알게 됩니다. 부모님도 표현하는 방식을 몰랐을 뿐이지 자식 사랑하는 마음은 똑같았을 겁니다. 이제야 부모님의 서툰 면을 보고 이해합니다. 저 역시 아이를 사랑하면서도 통제를 했던 것처럼 부모님 또한 사랑하지만 미숙하고 서툰 방식으로 고스란히 표현하실 수도 있었겠다 이해됩니다. 부모님은 충분히 사랑을 주셨지만, 제가 느끼지 못했듯 자식에게 저의 사랑을 충분히 느낄 수 있도록 책임감과 의무를 깨달아 가고 실행하고 있습니다. 아이의 무의식에 쌓여 있는 감정들을 완전히 덜어내려면 시간이 필요하겠지만 과거와 같은 잘못된 길을 가지 않기 위해 부단히 노력하고 있습니다. 제가 먼저 바뀌고 아이가 달라지면 가정이 안정되고 건강한 사회가 될 것이라 믿습니다.

　아이로 인해 더 나은 세상을 물려주고 싶은 간절함을 품게 됩니다. 가정에서 엄마 역할이 사회와 나라를 뒷받침하는 밑거름이 되고 있다는 것을 알았습니다. 가정에서 새싹이 평온하도록 잘 지낼 수 있도록 애쓰고 있습니다. 아이를 믿어주는 만큼 동기 부여와 성취에 중요한 역할을 하고 있음을 다시 깨닫습니다. 자녀는 자연스럽게 좋은 점이 저절로 만들어지지는 않습니다. 자기 효능감을 통해 실패도 극복하며 성장하도록 도와주겠습니다. 요즘은 유연하게 대처하려고 노력합니다. 지켜보고 기다려 줘도 잘못된 방향으로 가지 않는데, 혼자만의 불안에 갇혀 있었습니다. 아이의 성향에 맞는 훈육과 기질은 엄마가 가장 잘 알아야 합니다. 이미 앞서간 아들을 둔 선배에게 듣는 조언은 크나큰 축복입니다. 이미 걸어온 길에 다양한 데이터가 있으니 잘 활용해 보겠습니다. 공부만을 말하지 않고 아들의 건전한 놀이를 생각하며 무엇이 아이를 위한 길인지 생각하는 시간을 만들고 있습니다.

아들을 키우면서 비전이 생겼습니다. 따스한 감정으로 평화로운 가정을 만들고 싶습니다. 일이든 공부든 마음이 평온해야 모든 일이 자연스럽게 풀린다고 믿습니다. 따뜻한 말 한마디는 힘들 때 위로가 되고, 다시 일어설 힘을 줍니다. 안정되고 포근한 가정을 만들고 노력 중입니다. 사람을 변화시키고 성장하게 만드는 힘 중심에는 '감사'가 있습니다. 감사는 우리를 지켜주는 가장 든든한 힘입니다. 〈빅맘의 북테라피〉에서 나누는 감사는 자신의 실체를 직면하게 하고 새로운 나로 거듭나게 합니다. 때로는 아프고 쓰라린 피드백을 받고는 하지만, 이것 또한 빅맘 코치의 용기라고 생각합니다. 좋은 이야기만 해 주고 싶은 마음을 이해하기 때문입니다. 덕분에 자신을 바라보고 단단함을 바라볼 수 있었습니다. 그 과정이 없었다면 상담이라는 것을 받을 생각도 못 했을 것입니다.

감사를 배우고 처음으로 자신을 따뜻하게 바라볼 수 있었습니다. 서툴지만, 아들을 사랑하는 마음을 감추지 않고 표현했습니다. 감사를 통해 사랑을 더 깊게 만들어 가는 과정을 배우고 있습니다. 감사는 아들과 저를 이어주는 다리 역할을 해 주고 있습니다. 매일의 일기 속 작은 감사를 통해 부모로서 부족함보다 진심을 더 크게 볼수 있는 힘을 키우고 있습니다. 〈빅맘 위즈덤 스쿨〉은 내 안의 감사를 깨우고 도반들과 함께 성장하는 힘을 알려주었습니다. 혼자가 아니라, 함께할 때 감사는 더 오래 지속되고, 더 멀리 퍼져 나간다는 것을 느낍니다. 아들을 위한 사랑이 곧 나의 성장이자 공동체의 기쁨이 되었습니다. 감사는 저와 아들을 살리고 함께 성장하는 삶을 선물합니다. 감사는 깊은 관계를 만드는 선물입니다.

하루 끝 감사일기

설렘으로 보는 빛나는 감사일기

1. 11월 줄넘기 대회가 있는데, 참가해 보는 게 어떠냐 물어보니 아침에 6시에 일어나는 게 힘들고 힘든 동작을 하면 등에 줄을 몇백 번 맞아야 하니 참가하기 싫다고 말합니다. "축구 선수가 되겠다며, 국가대표 선수들은 새벽부터 저녁까지 밥 먹고 자는 시간을 제외한 모든 시간을 운동에 쓴다고 하더라. 너의 의견은 존중할게. 하지만 아직 경험이 많지 않으니, 엄마가 꼭 참여했으면 좋겠다고 말하는 것은 들어줬으면 한다"고 전했더니 아이도 그러겠다고 합니다. 예전 같았으면 끝까지 강요할 수도 있었지만 아이 스스로 선택할 기회를 주니 저도 마음이 편해졌습니다. 의견을 받아들이니 아이도 '내 생각을 무시하지 않네.' 존중받는 느낌이 들었을 것입니다. 여유 있는 마음으로 바라볼 수 있어 감사합니다.

2. 오랜만에 부추, 양파, 당근, 파, 마늘, 갑오징어, 홍합, 바지락 해산물을 넣은 전을 부쳤습니다. 걷고 들어온 남편은 씻고 나와서 보더니 "전 할 거면 연락하지 그랬어. 막걸리랑 먹으면 딱 인데." 정 먹고 싶으면 사 오라고 하니 총알처럼 갔다옵니다. 막걸리 맛보고 싶어 하는 것으로 보

고 있으면, 아빠 닮아 좋아하나 신기합니다. 옆으로 자는 것도 똑같습니다. 어깨에 무게가 실리니 좋지 않아 새벽에 깼을 때 한 번씩 바로 해주는데 자다가도 옆으로 또 돌아옵니다. 닮지 않았으면 하는 것까지 닮으니 자식은 자식 맞나봅니다. 남편은 막걸리를 좋아하는데 부친 전을 맛있게 먹는 모습 보니 미안한 마음이 들었습니다. 아이 신경 쓰느라 남편은 항상 뒷전이었습니다. 반찬도 아이 위주였고요. 직장 생활하며 힘든 점도 있을 텐데 항상 즐기면서 재미있다 말해주는 남편이 고맙습니다.

3. 『백 년을 살아보니』 책을 읽다가 검색해 보니 교수님 강의가 18일 서대문구청에서 진행된다는 것을 알게 되었습니다. 갈까 말까 고민하다가 본 김에 가보자, 연세가 있으시기에 못 뵈면 후회할 것 같았습니다. 지하철과 버스로 1시간 반 넘게 걸려 도착했습니다. 딱 보는 순간 목소리도 활기차고 외모도 말끔하고 피부 빛도 환하게 빛나고 있었습니다. 백세 시대를 직접 보여주고 계셨고 일도 있고 다른 이들에게 이로운 말씀을 주시니 그 자체가 장수비결이구나 알게 되었습니다. 어떤 사상을 가져야 하는가, 무엇이 사람답게 사는 것인가 깨달음 주시는 시간 감사합니다.

3장 작은 습관에서 감사로, 사랑을 온전히 표현하다

설담온 확언 3문장

1. 나는 가치 있고 소중한 사람이다.
2. 나는 긍정 에너지로 가득하다.
3. 나는 나눠줄 게 많다.

4장

질병도 감사로,
회복의 길을 연다

수퍼 23 고현숙

"일상의 모든 곳에서 나는 날마다 독서와 감사로 성장하고 있다."

| 1 |

다시 살아난 삶 따스한 손 잡으며 성장하다

"살아야 할 이유를 아는 사람은 거의 모든 고통을 견딜 수 있다."
- 니체

2021년 8월 3일 잊지 못할 최고로 기쁜 날이었다. 캐나다 핼리팩스에서 8년을 살고 토론토로 이사 가는 날이다. 대략 17시간, 1,800km 쉬지 않고 운전해야 도착한다. 남편이 운전하고 나는 창문 밖으로 손을 내밀어 바람을 느껴보았다. 가도 가도 끝이 없는 벌판. 어디가 끝인지 캐나다라는 나라는 크고 광활했다. 해바라기밭이 나오나 싶더니 옥수수 농장이 보였다. 초록 풀밭 위에 한가로운 소들도 보였다. 하늘의 구름은 또 어찌나 예쁜지 모든 게 너무나 평화로웠다. 남편의 손을 지그시 잡았다.

"여보, 우리가 해냈어요." 꿈만 같았다.

나이아가라 폭포와 뉴욕도 가고 대도시 타운 하우스니까 집값도 많이 오를 생각에 그저 흠뻑 젖어 나도 모르게 미소가 떠나지 않는다. 입이 귀에 걸린 듯 그냥 웃음이 나고 콧노래가 나왔다. 고생한 우리 가족의 미래를 상상하며 희망에 부풀었다.

지난 시간이 영화처럼 지나갔다. 8년 전 반대하는 남편에게 다 알아서 하겠다고 큰소리치고 캐나다로 왔다. 아이들 둘과 외국에서 살아보니 가져간 돈 천만 원이 금방 없어져 버렸다. 설상가상으로 이민법이 바뀌고 대학 공부를 해야 했다. 이상과 현실은 달랐다. 이대로 한국으로 돌아가고 싶지 않아서 미친 듯이 공부하고 일했다. 외국 노동자의 삶은 팍팍했다. 나를 돌볼 틈 없이 꿈과 목표를 위해 달렸다. 유치원 교사를 거쳐 국립학교 정교사가 되는 꿈을 이뤘다. 2년 후 기러기 아빠를 끝내고 온 남편까지 가족 네 명 모두 공부를 마쳤다. 그렇게 우리 가족은 악착같이 돈을 모으고 공부해 드디어 토론토 집을 장만했다. 지난 시절의 보상 받듯 햇살도 바람도 아름다워, 행복이란 이런 것이구나 생각했다.

떠난 지 5시간쯤 지났을까. 다니던 병원에서 전화가 왔다. 혈액 검사 결과 때문인가? 정상적이라면 전화가 오지 않은 나라이다. 왜 연락을 했지? 왠지 불안한 느낌이 들었다.

"닥터 줄리입니다. 지난번 검사 결과가 나왔어요. 혹시 임신 가능성이 있나요? AFP라는 항목인데 간암을 알려주는 것이지만 임신일 경우에도 수치가 올라가요."

"임신이요? 아니요. 그럴 확률 없어요."
"그렇다면 암일 수 있어요. 추가 검사가 필요해요. 다시 일정 잡을게요."

토론토로 이사 가는 중이라서 핼리팩스 병원으로 돌아갈 수 없다고 말했다. 의사는 도착하면 최대한 빨리 검사하라고 조언해 주었다. 암이라고 했다. 순간 멍했다. '지금 어디로 가는 중이었지? 토론토.' 이사 중에 들은 전화 메시지는 나를 당황하게 했다. 전문의를 만나라고 했지만, 캐나다에서는 전문의를 만나려면 보통 신청 후 6개월을 기다려야 했다. 갑자기 세상이 잿빛이 되었다. 창밖으로 보이던 흰 구름이 더는 예쁘지 않았다. 분명히 아까와 똑같은 고속도로 위를 달리고 있고 남편과 딸도 차 안에 같이 있었다. 그런데 길 위에 나만 홀로 버려진 기분이었다. 무서워졌다. 축복에서 원망으로 바뀌었다. 어머니가 생각났다. 유전이다. 어머니는 오십도 안 되어 간암으로 돌아가셨다. 원망스럽다. 하필 가장 행복한 날에 절망적인 소식을 듣는다니, 두 손을 꽉 잡고, 눈에 힘줬다. 눈물이 나도 모르게 흐른다. 남편이 보지 않도록 고개를 돌렸다. 남편이 왜 그러냐고 물었다. 별일 아니라고 거짓말했다.

하루 꼬박 달려 도착한 토론토 한인 민박집. 이사까지는 한 달 하고도 보름이나 남아 이곳을 숙소로 정했다. 집에서 가장 가까운 병원에 가서 혈액 검사를 신청했다. 치료받으려면 전에 살던 도시의 기록을 제출해야 했다. 캐나다는 행정이 느린 것으로 유명하다. 팩스 몇 장 보내는데도 시간이 2

주일이나 걸렸다. 최초 혈액 검사 이상을 알고도 암 진단까지는 3개월이나 걸렸다. 한국이라면 상상할 수도 없는 일이다.

점점 소화가 안 되었다. 명치에 멜론 하나가 걸린 듯했다. 밥양을 줄여보고 윗몸일으키기도 해보았다. 60kg 가깝던 체중이 급격히 53kg까지 내려갔다. 바지가 헐렁해지고 얼굴빛도 어두워졌다. 거울 보기가 무서웠다. 거기다 매달 하던 생리가 끊어졌다. 아직 암이라고 진단받지 않았지만 알았다. 앞으로 겪어내야 할 일들이 두려웠다. 잠을 잘 때면 다음 날 일어나고 싶지 않다는 생각도 했다. 방바닥에 머리카락이 떨어졌다. 아침저녁 머리카락을 쓸어모으다가 주저앉아 울었다. 엘리자베스 퀴블러 로스의 『아주 가까이 죽음을 마주했을 때』를 보면 죽음을 받아들이는 5단계가 나온다. 부정, 분노, 타협, 우울, 수용. 나는 내내 부정과 분노에서 빠져나오지 못했다. 코로나로 마비된 캐나다였고 아는 사람 하나 없는 낯선 동네였다. '왜 지금이야? 왜 나야? 이사 전에 알려줬어야지. 내 인생 최고의 순간에 왜?' 불안해하는 나를 위해 남편은 새집에서 살아보지도 못하고 한국으로 떠났다. 귀국할 경우를 미리 준비하기 위해서였다. 나는 같이 가고 싶었지만, 9월 이사를 마무리해야 했다. 결국, 11월에 간암 1기, 크기는 3cm라고 진단을 받았다. 새집에서 3개월도 못 살고 한국으로 돌아왔다. 역시 힘들 때 고국이 있다는 것은 큰 힘이 되었다. 떠날 때 나를 힘들게 한 나라라고 생각했지만, 가장 힘들 때 그래도 내 편은 내 고국 한국뿐이구나 생각했다. 돌아갈 고향이 있다는 것은 축복이라는 사실을 감사한 마음으로 받아들이며,

분노가 차츰 줄어들기 시작했다.

2022년 5월 10일, 간 절제술을 받는 날이었다. "걱정하지 마. 나 누군지 알지? 한숨 푹 자고 돌아올게." 이미 눈이 빨개진 남편에게 말했다. 대답도 못 하고, 그냥 내 손만 잡고 작게 흔든다. 잡은 내 손도 힘이 풀리고, 말없이 쥐었다 놓기를 몇 번 하자 침대가 움직였다. 혼자. 처음 들어가 보는 대형 병원 수술실. 얇은 수술복 차림이라 약간 서늘했다. 소독약 냄새가 더 긴장시켰다. 괜찮다는 독백에도 주책맞은 눈물이 계속 흘렀다. 종교도 없으면서 신에게 기도했다.

'제발 살려만 주세요. 살아가면서 사회에 보탬이 되는 일 하면서 착하게 살겠습니다.'

감히 신과 목숨을 담보로 협상을 시도했다. 누구라도 살려준다면 그게 누구든 믿고 싶었던 절박한 순간이었다. 눈물 속에서 돌아가신 어머니가 보이는 것 같았다. 엄마의 마지막 장면이 떠올랐다. 너무 마른 몸에 복수가 가득 찬 배가 볼록했었다. 문병 오신 분에게 있는 힘을 짜내어 겨우 말씀하셨다. 현숙이 결혼할 때까지만 살고 싶다고 했다. 스무 살이던 나는 아무 말도 못 하고 눈물만 흘렸다. 그런 내가 지금 신께 기도한다. 내 딸들이 결혼할 때까지 살고 싶다고. 제발 살려달라고 돌아가신 엄마를 붙잡고 기도하고 기도했다.

덜컹하며 침대가 움직였다. 마취 주사가 보인다. 모두가 숙련된 사람들이라 말 없고 기계적이고 움직임이 빠르다. 그 안에 내가 없고, 단지 수술할 환자 한 명 있다는 생각을 하니 불안했다. 누구라도 내 떨리는 손을 잡아주길 원했지만 아무도 잡아주지 않았다. 이곳을 살아나간다면, 아픈 사람 손잡아 주는 사람 되겠다 생각했다. 손을 잡아주면서 괜찮을 거고, 기도해 준다고 다짐하며 서서히 의식이 사라졌다.

수술 시작한 후 8시간이 지났다. 마취가 덜 깨어 몽롱함에도 내가 살아난 것이 놀라웠다. "감사합니다! 살려 주셔서 감사합니다!" 내가 살았다! 마음속 깊은 곳에서부터 감사가 시작되었다. 지난 8년간 너무 바빴고, 성공에 취해 감사 따위는 하지 않았다. 나조차도 의심한 두 번째 인생은 이렇게 시작되었다.

니체는 살아야 할 이유를 아는 사람은 거의 모든 고통을 견딜 수 있다고 했다. 나에겐 살고 싶은 이유가 너무나 많았고, 그 어떤 고통도 감사하게 되었다. 고통을 느낀다는 것은 내가 살아 있다는 것이니까. 성공에 눈이 멀어 달리기만 했던 나는 멈춰서 방향을 바꿨다. 멈추면 비로소 보이는 것들이 있다.

처음에는 살려만 주신다면 남은 인생 무엇이 되었든 따스한 손을 잡아주겠습니다 생각했다. 하지만, 일상으로 돌아오고, 자기계발 세계에 들어오면서 나는 '어떻게 다시 얻은 삶인데, 해보고 싶은 것 다 해보자.' 생각이 들었다. 다시 무리하기 시작했고, 조급해지기 시작했다. 그러던 어느 날 다른 사람의 성장을 보고 〈빅맘의 북테라피〉에 관심이 생겼다. 그곳에 들어간 분들의 생각이 바뀌고 삶의 태도가 바뀌는 것이 신기했다. 호기심이 일어났다. 잠시 스치듯 저곳에 가볼까 하는 마음과 멈추면 비로소 보이는 것들의 의미를 알게 해 준 곳이 되었다. 알고 있던 사람들이 이곳에 와서 생각이 커지고 삶에 대한 태도가 바뀌는지 이제는 어렴풋이 느껴지는 것들이 있다.

| 2 |

독서와 감사로 성장하는 삶

"글쓰기는 약이다. 상처에 대한 적절한 해독제이며,
어려운 변화의 적절한 동반자다."

- 줄리아 카메론

간암 진단은 가장 두려운 낙인이었다. 멈춰보니 하루 숨 쉬고 일어나는 것조차 감사라는 것을 깨달았다. 간암은 인생을 끝내지 않고 오히려 감사로 다시 시작할 수 있게 해 준 것이었다. 수술 후 눈을 뜨고 처음 느낀 것은 살았다는 기쁨, 감사함이었다. 하지만, 곧 통증이 느껴졌다. 8시간의 수술 동안 누워있어서 허리가 끊어질 듯 아팠다. 정신이 차려지자 이름과 주소, 통장 번호 16자리를 외워보고 뇌는 정상이구나 하며 안도했다. 10개의 수액 줄이 꽂힌 내 손을 내가 잡았다. 아무도 잡아주지 않아도 괜찮다. 온갖 장치들이 거미줄처럼 연결되어 나를 살리고 있었다. 수술실을 나와 드디어 병실에 왔다.

병실에 80대 치매 암 환자가 계셨다. 자신의 이름도 아픈 것도 모르셨다.

남편께서 간호하셨다. 자식들 고생 안 시킨다며 직접 하셨다. 할머니는 수액 줄인 것도 모르고 "영감, 우리 집에 가요." 하시며 뽑아버리셨다. 보호자용 침대에서 졸던 할아버지는 가만히 좀 있으라며 호통을 치셨다. 어르신들을 보니 젊을 때 아파서 다행이라는 생각이 들었다. 거기다 치매도 아니다. 간호하는 남편은 젊고 건강하다. 옆 침상 환자가 코로나 확진이 되어 병실 전체가 비상 상태였다. 바로 옆에서 잠을 잔 남편은 멀쩡했다. 새삼 남편을 향한 감사가 시작되었다.

나는 고등학생 때부터 어머님의 간암 판정 후 4년 아프신 후 돌아가시자 나도 그렇게 될 거라고 굳게 믿게 되었다. 주변 사람들에게 나는 간이 약해서 남들보다 간암에 걸릴 확률이 높다고 말했다. 스스로 암의 씨앗을 키워 온 것이었다. 늘 불안했다. 나의 끌어당김이 나를 간암 환자가 되어 수술실에 들어가게 된 것이다. 신의 자비를 구걸하듯이 기도했다. 중학교는 미션스쿨을 다녔다. 기독교를 강요받았다. 외할머니를 위해서 천주교를 믿는 척했었다. 신은 항상 나에게 두려운 존재였다. 신을 스스로 찾을 것이라고는 생각조차 하지 못했지만, 나는 가장 내가 나약할 때 신을 찾았다. 그리고 기도했다.

'제발… 살게 해 주세요. 주신 생명은 덤이다. 생각하고, 따스한 사랑을 실천하겠습니다.'

바쁘게만 살았던 나에게 병원 생활은 24시간 자유였다. 무료함을 달래기 위해서 책을 읽기 시작했다. 캐나다에서 사는 동안 한국 책을 거의 읽지 못했다. 그동안 읽고 싶던 책들을 하나씩 읽어나갔다. 처음 선택한 것은 아니타 무르자니의 『그리고 모든 것이 변했다』였다. 죽음에 대한 근본적인 두려움을 없애준 책이다. 그녀는 임파선암 4기였고 의학적으로는 죽었다. 30시간 동안 죽음에 가까운 상태에서 경험하는 독특한 심리적·신체적 현상으로 생리적 반응과 영적 해석이 공존하는 임사체험을 했다. 그녀는 눈을 뜬 후, 자기 사랑으로 스스로 치유를 해낸 기적 같은 이야기이다. 암을 만든 건 두려움과 자기 사랑의 부족이 합쳐진 결과라는 것을 알게 되었다.

처음 간암이라는 이야기를 들었을 때 신에게 벌 받았다 생각했다. 독서를 통해 신이 나를 버린 것이 아니라, 30년간의 부정적인 확언과 행동이 원인이 되었다는 것을 깨달았다. 깨달음을 얻으니 원망할 대상이 없어졌다. 두려움이 있던 자리에 감사와 사랑으로 채워졌다. 다시 얻은 삶으로 나를 더 아껴주고 사랑하게 되었다. 건강한 음식 먹고 피곤하면 잠들기. 하고 싶던 일을 하되, 포기하지 말고 일단 하기. 슬픈 날은 스스로 다독여 주기. 소소하지만 나에게 너무나 필요한 치료제가 되었다.

두 번째 재미있게 읽은 책 김상운의 『왓칭』에서 자신을 어떻게 보느냐가 중요하다고 했다. 나를 환자가 아닌 적극적인 치료자로 보기로 했다. 미국의 암 환자가 코미디물을 종일 보면서 자신의 웃음으로 치료한 이야기가 나온다. 웃음과 행복감이 암도 낮게 한다는 걸 깨달았다. 매사에 너무 진지하고 심각한 나를 바꾸기로 했다. 내 인생 1막이 파란만장한 휴먼다큐였다면, 2막은 코미디물이 되었으면 했다. 폭소 비디오나 〈개그 콘서트〉 같은 것들을 어떻게 하면 내 병원 생활이 좀 더 재밌어질지 감사일기를 쓰기 시작했다. 간호사로 일했던 시절이 떠올랐다. 밤 근무 때면 잠을 못 자는 것이 너무 힘들었다. 그런데 병원에서 종일 자도 뭐라고 할 사람이 없는 것이다. '야호! 나는 병원놀이 중이야!' 생각하니 실없는 웃음이 새어 나왔다.

당시 생각한 것이 슈퍼우먼 놀이이다. 당시 상처 부위 지지를 위한 복대를 하고 있었다. 10cm 되는 아랫부분엔 작은 고리가 있었다. 수술 부위에서 나오는 체액을 받아 주는 작은 주머니를 달기 위한 장치였다. 수액이 매달린 바퀴 달린 기둥도 항상 내 옆에 있었다. 이런 풀세트로 병원 복도를 매일 걸었다. 걷다가 갑자기 이런 내 모습을 기념으로 남기고 싶었다. 내가 직접 셀카로 찍고 싶었다. 복도 끝 의자에 핸드폰을 세워두고 첫 셀카를 찍었다. 남들이 보기엔 그냥 평범한 환자였지만, 사진 속에서 슈퍼우먼을 보았다. 베이지색 복대는 슈퍼우먼의 황금 벨트, 체액 주머니는 적에게 던질 폭탄, 수액은 그녀의 특수 식량이다. 세상을 구하려면 이쯤은 먹어줘야 한다. 왕관과 망토는 상상으로 그려 넣었다. 병원놀이에 더해서 슈퍼우먼 놀이가 시작된 것이다.

그날 이후, 스스로 '너 이렇게 살아있구나. 꼭 기억해! 이제부터 네가 1번

이야. 넌 정말 대단한 사람이야.' 이날부터 나를 슈퍼우먼이라고 부르기 시작했다. 그냥 213호 환자가 아니었다. 그렇게 생각하니 새벽 4시에 내 팔에 주삿바늘을 찔러도 병원 밥이 맛이 없어도 지루한 복도 걷기조차도 괜찮아졌다. 세상을 구할 슈퍼우먼 마인드로 지내며 감사일기를 자주 쓰려고 노력했다. 동시에 이것을 나의 정신적 치유에 적극적으로 활용하기 시작했다.

화를 걷어내고 긍정의 눈으로 보니 완전히 다른 이야기들이 적기 시작했다. '왜 나야? 왜 지금이야? 가 아닌 다른 질문들을 적게 되었다. 만약 캐나다에 도착한 2014년에 암이 발견되었다면?' 관광 비자로 왔기 때문에 병원은 감히 생각도 못 하고, 바로 한국으로 돌아갔어야 했다. '영주권 심사 중에 발병이 되었다면?' 캐나다는 무상 의료 시스템이어서, 치료에 돈이 많이 드는 병을 가지면, 영주권을 주지 않는다. 생각에 꼬리를 물고 여기에 미치니 몸이 나를 기다려 준 건가 생각이 들었다. 못했으면 평생 후회로 남았을 일들을 위해 내 몸이 버텼다 생각했다. 취업과 이민이 끝나고 안정적일 때까지 기다려 준 몸이 감사했다. 인생은 내가 미처 모르는 큰 그림을 그렸고 나만 그 사실을 몰랐다. 그것도 모르고 화와 원망 속에 살았던 어리석음이 보였다. 손이 저절로 배로 향했다. 무서워서 아직 쳐다보지 못한 배의 상처가 느껴졌다. 그리고 진심으로 감사함을 전했다.

'고맙습니다! 저를 살려주셔서. 해보고 싶은 거 다 해볼 때까지 기다려 준 걸 이제야 알았습니다!'

삶을 바꾸는 하루 첫 생각

내 몸에 용서를 구하고 화해를 시작했다. 단단해지기 시작했다. 남은 삶은 선물이라고 생각하며, 모든 일에 감사합니다. 이야기하기 시작했다.

감사일기에는 항상 질문이 등장했다. 적다 보면 답을 찾을 수 있었다. 하얀 종이 위의 글자들 사이에서 내 마음을 읽을 수 있었다. 일기처럼 쓴 글쓰기는 마음의 상처를 낫게 하는 치료 약이며 미래를 걱정하지 않는 예방약이 되었다. 지금 생각해 보면, 어이없지만 한때, 나는 쉬운 병은 안 걸린다고 일기에 쓴 적도 있다. 감기도 잘 안 걸리던 나였다. 식구들 다 아파도 나만 멀쩡했었다. 하지만, 이젠 부정적인 이야기를 농담으로도 하지 않는다. 이제는 암에 걸려도 낫는다는 나의 믿음을 쓰고 또 썼다.

평생 몸을 혹사하고, 부정적인 확언으로 스스로 키운 병이었다. 감사일기를 쓰며 작은 회복을 체험한 과정을 겪으며, 암을 극복할 수 있었다. 2022년 5월 31일, 암에 걸린 간은 떼어내고 좀 더 가벼워진 몸과 마음으로 세상에 나올 수 있었다. 이젠 긍정의 언어를 사용한다. 일상의 모든 곳에서 나는 날마다 독서와 감사로 성장하고 있다.

이제는 아주 작은 이야기도 부정적으로 표현하지 않으려고 애쓰고 있다. 모든 상황에서 긍정의 눈으로 세상을 보려고 노력하고 있다. 과정에서 힘들어도 늘 토닥토닥 하며 긍정의 말을 하고 있다. 지금도 간혹 나의 삶에서 달리려고 할 때면, 수술실 들어갔던 그 순간을 기억하고는 했다.

누군가가 나의 손을 잡아주길 간절히 바랐던 순간이 있었다. 수술실 앞에서 기억하고 있다. 다시 얻은 삶은 재능을 세상에 보내며 따스한 리더로 살아가고 싶다. 내 안에 열정이 따스한 온정으로 세상을 따스하게 품어줄 힘이 내 안에 있으니 감사하다. 신이 모든 순간 나와 함께하고 있다고 생각 들었다. 오늘도 신에게 약속한 따스한 사람이 될 것이라고 생각했다. 간암 이후 나는 맨발 걷기를 실천하고 있다. 유튜브 영상을 찍어 올렸다. 나의 맨발 걷기로 인해 건강해진 주변인들을 보는 것은 축복이다. 모든 순간이 울림으로 가치를 만들어 가고 있어 감사하다.

| 3 |

〈빅맘 위즈덤 스쿨〉이 가르쳐 준 삶의 빛

"인생을 바꾸려면 3간을 바꿔라."
- 오마에 겐이치

아픈 이들을 위한 소명은 어떻게 실현해야 할지 잘 몰랐다. 여러 병원과 아동시설에 문의했는데 팬데믹 시기에 봉사자를 받아 주지 않았다. 내가 할 수 있는 선에서 해보자 결심했다. 우선 시작한 것은 정기적인 후원이다. 영아원과 무료 급식소 그리고 미혼모의 집에 후원을 시작했다. 액수는 작지만 이렇게 하는 것이 내 기도를 실천하고 마음의 빚을 더는 방법이라고 생각했다.

두 번째로 한 것은 온라인 나눔 강의. 건강과 맨발 걷기를 주제로 강의를 여러 번 했다. 수퍼 23의 힐링 스토리 유튜브 채널에 회복 과정을 올렸다. 온라인 닉네임도 2로운 3(이로운 삶)을 살고 싶다는 뜻을 더하고 싶어서 수퍼 23이라고 정했다. 암으로 절망하고 힘든 분들에게 도움 되기를 희망했다. 암의 전조 증상부터 어떻게 회복했는지를 담았다. 영상과 블로그에 댓글 질문이 달리면, 성심껏 답변했다. 건강이 좋아졌다. 또는 다시 도전할 힘을 얻었다는 댓글을 발견하면 마치 내가 그분의 손을 잡아준 듯했다. 나의 어린 시절 부모님 글을 쓴 날에는 눈물이 났다는 공감의 댓글을 받았다. 글로서 진심을 주고받을 수 있음이 감사하고 신기했다. 종이책을 내는 진짜 작가가 되고 싶어졌다. 책 속의 글로서 위로와 응원을 나눌 수 있을 것 같았다.

건강이 회복되니 욕심이 생겼다. 프로 수강생이 되어 여러 강의를 들었다. 시각화하고 확언을 외치는 모임에서 남들을 따라 했다. 자기 계발하는 클래스에서 돈과 성공에 관련된 책만 읽었더니 눈이 회색빛 시멘트처럼 굳어가는 것 같았다. 감사일기도 몇 달째 잊고 살았다. 뭔가를 성취하는데 중독된 사람으로 다시 돌아갔다. 성장은 환경이 아니라 나의 선택이라는 생각이 들었다.

어떤 선택을 할까 고민하던 중 책을 내야겠다는 생각을 했다. 주변 지인 중에 〈빅맘 위즈덤 스쿨〉에 들어가 변화된 사람을 보았다. 저곳에 가면 무엇인가 발전할 수 있을 거라 생각했다. 승하 책방에 문을 두드렸다. 가서 보니 열정적으로 사는 분들이 보였다. 나도 따라 해야겠다 생각했다. 더 적극적이고, 변화가 필요하다고 생각했다. 스스로 절제를 하려고 했지만, 쉽지 않았다. 누군가가 나를 멈추고 바른 방향을 제시할 사람이 필요했다. 남편이 곁에서 이야기했지만, 들리지 않았다. 그때 승하 책방의 글쓰기 코치 빅맘을 만났다.

나는 내가 글을 잘 쓴다고 생각했다. '한 달 배우게 되겠지.' 생각했다. 바로 제목과 목차를 받고 초고를 제출했다. 지금 생각해 보면 무지와 자만심으로 쓴 초고라는 것을 알게 되었다. 코치님은 내 글을 차마 평가하지 못하고, 책을 읽으라는 처방을 내려주셨다. 〈빅맘의 북테라피〉 독서 치유 프로그램에 들어갔다. 빅맘 코치는 매일 아침 감사일기에 대한 피드백을 해 주었다. 본깨적(책에서 본 것, 깨달은 것, 적용한 것)을 쓰기 시작했다. 필독서들을 읽으면서 현재 무엇이 중요한지 생각하는 힘을 가지게 되었다. 점차 변화가 시작됐다. 책 읽고 나에게 질문했다. 글을 쓰다가 답을 찾았다. 내가 전에 했던 감사일기에 책이 추가된 확장판이었다. 피드백으로 성찰할 수 있었다. 일과 성공에만 집중하는 나를 발견할 때마다 서두르지 말라며 깨워주셨다. 수신제가 치국평천하. 나를 먼저 챙기고 가족에게 고마워하라고 조언해 주셨다.

책 읽고 기록하고 삶에 적용하기 시작했다. 〈빅맘의 북테라피〉 필독서는 일상을 밝혀주기 시작했다. 『에너지 버스』를 읽으며 내 삶의 핸들을 잡기 시작했다. 제일 큰 영향을 준 책은 『인생을 바꾼 오늘도 독서 완료』의 10인의 공저 작가들 책을 통해 삶을 변화시킨 시선은 도움 되었다. 인생을 바꾸려면 3간, 시간, 공간, 인간을 바꾸라는 말이 있다. 책 읽을 시간 확보를 위해 새벽 기상을 시작했다. 온라인 공간인 〈빅맘과 함께하는 부자 습관 챌린지〉 모임에 들어갔다. 인생을 바꾼 오늘도 독서 완료 북 콘서트에 가서 작가들을 만났다. 엄마이자 아내 그리고 직장인이던 평범한 그녀들이 작가가 된 것이다. 다들 1가지 이상의 우여곡절을 넘어 작가가 되었다. 동기 부여가 되었다. 몇 달 후 나도 저 자리에 있을 거라는 결심을 하게 해 준 소중한 경험이었다.

빅맘 코치는 그날 환영 강의에서 "실패를 반복하는 사람들은 다음과 내일을 이야기한다."라고 말했다. '아! 나 들으라고 하는 말인가?' 뜨끔했다. 시작은 잘하는데 하다 미루는 일이 반절 이상이었다. 프리랜서인데 자유롭지 못하고, 시간과 생각에 쫓기는 사람이었다. 식사도 대충 때우고 남편에게 친절한 말 한마디 할 여유가 없었다.

당장 변화가 필요했다. 미루는 게 습관이어서 편하다 보니 몸이 거부했다. 몸과 뇌를 바꾸고 지금 당장 하는 내가 될 수 있는지 실험하기로 했다. 백일이라는 날짜를 정하고 일찍 일어나기 시작했다. 100일 후 나는 어떻게 바뀌어 있을지 궁금했다. 어차피 해도 지나가고 안 해도 지나갈 시간이다. 7시 넘어서 일어나던 내가 5시에 일어났다. 2025년 3월 29일에 시작해서 지금까지 하고 있다. 어떤 목표를 가지고 100일간 정진해 본 적이 한 번도 없었다. 100일은 곰도 사람으로 만드는 시간이다. 나는 곰 같은 사람이지만, 이번에는 달랐다. 좀 더 나은 사람이 되었다. 자신과의 약속을 지키고 일찍 일어나 책 읽고 글 쓰는, 스스로 믿음직한 사람이 되었다. 매일 글

삶을 바꾸는 하루 첫 생각

을 쓰는 사람이 작가라고 했다. 나는 어느새 작가가 되었다. '함께하는 힘은 진정 다르구나!' 느낄 수 있었다. 나는 현재도 이 루틴을 계속 유지하고 있다.

126일 내공이 쌓여 마음의 평정을 찾아가고 있지만, 가끔 짜증과 화가 올라올 때가 있다. 이때 극복하는 방법은 3가지다. 첫째, 가장 강력한 방법중 하나는 3년 전 수술받던 날을 떠올린다. 얼마나 살고 싶었는지를 기억한다. 그러면 지금 병원에 있지 않음 만으로도 감사가 시작된다. '살려주기만 하면 된다더니 너 좀 살만하구나?' 하면서 살짝 혼낸다. 그러면 마음속의 불이 꺼져버린다. 이후 미소와 평정심이 덤으로 온다.

둘째, 동네 공원으로 나가서 걷는다. 맨발로 걸으면 더 좋다. 못생긴 내 발을 내려보면서 못생긴 내 마음을 읽어준다. 누군가에게 상처받은, 혹은 제풀에 지친 내 마음을 풀어준다. 자연은 어머니처럼 항상 나를 품어준다. 나무들 아래에서 걷다 보면 욕심은 거기에 두고 가벼운 마음이 되어 집에 돌아올 수 있다.

셋째, 책을 읽는다. 질문과 함께 책을 읽으면 유독 눈길이 멈춰지는 문장이 있다. 그게 오늘 나에게 준 선물이다. 처음 영어 오픈 톡 방을 운영하며 반응이 없어서 실망했었다. 고명환 작가『나는 어떻게 삶의 해답을 찾는가』책에서 발견한 문장이다. "용기가 욕심으로 바뀌면 지친다." 무릎을 탁! 치게 되었다. 내가 무리한 욕심을 부렸고 힘들었음을 깨달았다. 이젠 왜? 하지 않고, 네! 하고 받아들인다. 그러면 왜? 의 답을 찾느라 시간을 낭비하

4장 질병도 감사로, 회복의 길을 연다

지 않아도 된다. 지금 여기서 내가 할 수 있는 일을 하면 된다. 한 번에 하나씩!

감사일기를 쓰면서 작은 것에도 감사하게 되었다. 수술 후 3년째 건강함에 감사하다. 비가 오나 눈이 오나 맨발 걷기를 3년간 해오면서 재발에 대한 두려움을 완전히 떨쳐냈다. 감사일기를 작성하면서 가족을 돌아보게 되었다. 삶이 분주하고 아프고 잊고 있었던 내 짝을 존경한다. 언제나 남편은 내 편이었다. 내 꿈을 응원해 준 사람이다. 2년간 기러기 아빠로 살면서 캐나다 살림을 지원했다. 일부러 명예퇴직하고 캐나다로 와서 집도 사고 좀 살만해지니 병이 찾아와 새집에서 살아보지도 못하고 다시 돌아와야 했다. 한국의 현실은 그렇게 정리하고 떠난 남편의 경력 단절과 취업난으로 힘들게 했다. 가장의 자리를 지켜준 남편을 세상에서 나는 가장 존경한다. 캐나다 생활 대학 편입과 딸과 함께 다녔던 대학. 같은 반에서 공부한 큰딸에게도 감사하다. 암 진단받고 울고 있을 때 **"엄마! 책 쓴다고 했잖아. 슈퍼우먼이라면서 암쯤은 극복해 줘야지. 괜찮아!"** 라는 말로 눈물이 쏙 들어가게 해 주었다. 한 달간 간병해 주고 간 둘째. 엄마가 잘못될 거라는 생각은 한순간도 하지 않았다고 한다. 동생들. 모든 이들의 기도가 나를 살렸다. 그리고 돌아가신 부모님께 깊이 감사드린다. 어린 시절 원망과 분노로 나를 돌보지 않았지만, 이제는 안다. 나의 소중한 가족이 있었기에 지금의 내가 있음을 감사히 여기고 있다. 그리고 내가 선택한 가족 같은 빅맘 코치. 자신과 가족이 먼저임을 깨닫게 해 주고 독서와 함께 성장시켜 주신 코치께 감사드리고 싶다.

 앞으로 지치고 아픈 분들에겐 위로를, 울고 싶은 분들에겐 함께 공감의 눈물을, 시작을 망설이는 분들에겐 용기를, 꿈을 잊은 분들에겐 다시 그 꿈을 기억하게 돕는 글을 쓰고 싶다. 아직 많이 부족하고 서툴다. 이것을 극복하기 위해 열심히 읽고 쓰고 있다. 그 안에서 부정을 녹여내고, 긍정을 추출한다. 감사일기를 통해 좋은 작가로 커가는 중임을 오늘도 생각을 글로 표현하는 긍정 희망 작가다.

| 4 |

따스한 손을 내미는, 고 작가의 삶

"어두운 곳에 손을 내밀어 밝혀 주리라."

- 이주호

새벽 4시 40분 알람을 끈다. 아직 밖은 깜깜하다. 비몽사몽 중에 감사를 시작한다. 오늘 하루 선물 받음에, 밤새 깨지 않고 자게 해 준 건강한 몸에 감사하다. 5시에 일어나서 〈빅맘의 북테라피〉 감사일기를 올리는 것으로 하루를 시작한다. 식탁에 앉아 책을 읽기 시작한다. 내가 새벽에 일어나는 이유다. 해가 세상을 깨우는 동안 나는 책으로 나를 깨운다. 그러다 보면 날이 밝아온다. 읽었던 것 중에 기억하고 싶은 한 문장을 들고 산책한다.

산책길에 만나는 모든 것들에 인사하게 된다. 이젠 좀 시들었지만, 상사화와 해바라기는 여전히 예쁘다. 동네 할머니들이 말리기 시작한 빨간 고추와 가지가 광주리마다 그득하다. 열심히 분리수거하는 경비 아저씨와 늦었는지 허둥지둥 뛰어가는 학교 가는 아이들. 그 뒤에 종종거리며 출근하는 엄마와 아빠들. 나도 예전에 저랬었지 하며 미소가 지어진다. 드디어 도착한 동네 공원. 신발을 벗고 맨발이 땅에 닿는다. 마치 엄마가 기다리는 안방으로 들어가는 아이가 된 기분이다. 내 마음과 영혼이 자유가 되는 순간이다.

"오늘도 이렇게 살아볼 수 있어서 감사합니다!"

눈 닿는 곳마다 감사가 일상이 되게 해 준 것은 〈빅맘의 북테라피〉 덕분이다. 네 번째 글을 쓰며 생각해 보았다. 내가 〈빅맘의 북테라피〉에서 얻은 최고의 것은 무엇일까? 여러 가지 중에서 최고는 바로 감사함을 배운 것이다. 그중에서도 나의 아버지와 남편에 대한 진정한 감사를 말하고 싶다. 사실 감사일기는 예전부터 틈틈이 적어 왔었다. 나의 일상에서 일어난 소소한 일들을 기록으로 남겼다. 하지만, 이곳에서 나눈 감사일기는 기존 내가 알고 있던 감사일기와 달랐다. 일단 나의 언어에 어린 시절 무의식 언어를 코치가 피드백해 준다. 현재의 삶에서 무엇에 집중하고 놓치고 간 부분을 알려준다. 이곳에 와서 쓴 감사일기를 통해 어린 시절 아버지를 용서하고 사랑으로 품을 수 있었다. 늘 바쁘다는 이유로 내 편이었던 남편의 소중함을 알게 되었다. 그리고 지금은 리더로 성장하는 과정을 익히고 있다.

아버지는 화가 많은 분이셨다. 너무나 가난한 집의 둘째 아들, 형제는 모두 일곱 명이다. 중학교 입학금으로 마련한 돈은 여덟 가족이 먹을 보리로 바꾸었다. 아버지는 골방에 들어가 3일 동안 먹지도 씻지도 않았다고 했다. "내가 그때 반쯤 미쳐 버린거여!" 소주 냄새나던 그 목소리엔 슬픔과 화가 묻어났다. 아버지의 성격은 공부에 대한 원망으로 시작된 것 같다. 상처받은 6학년 아이가 계속 그 골방에서 아프다고 웅크린 것이다. 그 아픔을 주변인과 가족에게 투사시켰다. 어른이 되어 아버지를 이해하게 된 이야기지만 한동안 그 상처는 내 안에 머물렀다.

 어린 시절 마음속에 고인 눈물과 응어리를 초고에 토해냈다. 세상 사람들이 글을 읽고 아버지를 비난해 주길 바랐다. 쓰고 읽고 고치며 나도 모르게 마음이 가벼워졌다. 쓰기의 치유력에 놀랐다. 그러고 나니 돌아가신 분에게 향해지는 손가락질이 무슨 의미가 있을까 생각했다. 미워도 싫어도 나의 아버지다. 내 눈이 분노로 찼을 땐 아버지가 받을 상처 따윈 보이지 않았다. 내 마음이 맑아지니 그분이 받을 고통이 보였다. 때가 까맣게 낀 거울은 아무것도 비추지 못하는 것과 같았다. 글로 나의 마음을 흘려보내고 나니, 그제야 아버지의 어린 시절이 안타깝게 느껴지기 시작했다.
 『인생의 태도』에서 웨인 다이어는 성인이 되었다면 부모님 탓을 하는 것을 그만두라고 했다. 그리고 용서하기로 선택할 때 나아갈 수 있다고 했다. 아버지는 나의 행복을 방해하는 족쇄 같다고 생각했다. 책을 읽고 나서야 그 족쇄는 스스로 채운 것임을 알게 되었다. 삶의 열쇠를 책에서 얻었고 마침내 나는 어린시절에서 스스로 위로하기 시작했다. 그리고 아버지와 화해하고 용서의 실마리를 풀 수 있었다. 용서로 채워진 삶에 서서히 감사가 차올랐다.

감사를 하고 나의 삶을 돌아볼 수 있었다. 남편은 폭력적이었던 아버지로부터의 내 인생의 울타리가 되어 주었다는 것을 알아차렸다. 30년간 같이 살면서 많은 위기가 있었다. 미움과 원망으로 도망치듯 캐나다로 떠났다. 그대로 헤어지고 싶은 마음이었다. 그런데 2년간의 이별은 가족의 소중함을 알게 해 주었다. 남편이니까, 부인이니까 이 정도는 해야지 했던 일들은 당연하지 않음을 배웠다. 가족에게 없었던 것 사랑의 귀함을 2년 만에 알아차렸고, 이 모든 것이 감사였음을 느낄 수 있었다.

2년간 기러기 아빠 생활을 끝내고 캐나다로 온 날, 모두 부둥켜안고 눈물 흘렸다. 혼자 사느라 외로움으로 바짝 마른 남편이 말했다. "나는 우리 가족만 있으면 돼!" 이렇게 버텨준 남편 덕에 내가 꿈을 이룰 수 있었다. 나 때문에 명퇴하고 온 캐나다인데, 다시 역이민해야 했던 이유도 나였다. 이런 고마운 사람을 당연히 여기며 살고 있었다. 나의 아픔만 생각했고, 내 중심적 삶을 당연하게 생각했다.

예리한 코치님이 이런 나를 알아보셨다. 때로는 직언으로 때로는 부드럽게 조언을 했다. 수신제가가 먼저 되어야 한다며 기본을 강조하셨다. 부모님과 자식들에게 정성을 다하는 도반들의 감사일기 내용을 읽으며 반성했다. 배우자와 사이가 좋은 분들을 보며 저절로 배우게 됐다. 함께하는 공간에서 시간을 나누고 감사를 나누고 공감을 배웠다.

절제하는 힘과 사랑의 균형을 익혀 가고 있다. 남편에게 정성을 다해 도시락을 싸고, 출근할 때 눈을 마주치며 배웅해 주었다. 감사하다, 존경한다는 카카오톡을 매일 보내고 있다. 처음엔 어색하고 진심이 아닌 순간도 많았다. 신기하게도 하다 보니 늘었다. 점점 더 진심이 담기고, 마음 깊은 곳에서 우러나는 고마움이 생겼다.

나의 변화와 노력에 남편도 반응했다. 가끔이지만 내 글에 하트도 눌러 주고, 자신의 의견을 말해주기도 했다. 이젠 고 작가 된다고 해도 놀리지 않고 응원해 준다. 어제는 "그 책 다 읽었어? 재밌어?" 하고 물어와서 깜짝 놀랐다. 같이 책 읽자고 해도 한 번도 반응하지 않던 사람이었다. 지출 관리하는 노하우가 나온다고 말해주니 자신의 이야기를 한참 해 주었다. 30년 전에 70만 원 월급 타서 다 저금했다며 얼마나 절약했었는지 말해주었다. 고개를 끄덕이며 더 묻고 경청했다. 과묵한 그 사람을 수다쟁이로 만들어 준 비밀이 무엇인지 궁금해졌다. 아마도 '인정과 감사'였다. 연금을 그렇게 오래 유지했냐고 칭찬해 주는 나의 반응에 미소를 지었다.

"내가 그동안 얘기했었잖아. 이제야 당신이랑 말이 통하네."

돈이 너무 없던 시절에도 유지했다는 30년 된 연금과 저축은 남자로서 자존심이며 그의 인생이었다. 그걸 부인이 인정해 주니 더 말하고 싶었던 것 같다. 이 일로 남편과 대화하는 법을 배웠다. 관심과 질문 그리고 감사와 진심 어린 경청이다. 평생 공부하자던 젊은 날의 맹세는 말대로 되었다. 더 나은 직장을 위해 영어 공부하고 자격증에 도전하는 그를 응원한다. 서로에게 해 줄 수 있는 가장 큰 일은 매일 감사를 표현하는 것이라고 한다. 이제는 내 편이 된 윤홍섭, 나의 영원한 선배이자 남편에게 감사와 존경을 표현하고 싶다.

〈빅맘 위즈덤 스쿨〉에서 아버지와 남편에 대한 원망을 비우고 감사함으로 채운 것만으로도 삶이 풍요로워 졌다. 성장과 행복을 나누는 사람들이 생겼다. 입문반에서 성장만으로 가니 감사의 수준이 달랐다. 같이 올라간 동기 도반들의 성장도 보인다. 직장과 집안일로 힘들어하던 그분들의 얼굴에서 반짝반짝 빛이 났다. 같은 분 맞나 싶을 정도로 에너지 넘쳐 보인다. 어떻게 몇 개월 만에 저렇게 변화될 수 있을까 감동을 하면서 함께 시간을 보내고 있다.

2주에 한 번. 줌 미팅에서 반가운 얼굴들을 만난다. 찐한 북 토크 시간엔 나와 다른 시선을 얻게 되는 장점이 있다. 온라인 모임이지만 진심은 전달되었다. 떨리는 발표 후에는 서로에 대한 응원이 쏟아진다. 인생을 바꾸는 3간(인간, 시간, 공간)이 모두 들어 있는 종합 선물 세트다. 〈빅맘의 북테라피〉는 한마디로 책과 코칭으로 사람을 성장시키는 프로그램이다.

내 꿈인 '손을 잡아준다는 것'은 이런 것이구나 생각한다. 상대의 흔들리는 마음을 붙잡아 주고 진심으로 응원해 주는 것이다. 누군가의 인생을 다

시 일으키는 기적을 보고 있다. 내 인생을 바로 세우고 싶어서 손을 내밀었다. 흔들리던 나를 기꺼이 잡아주신 빅맘 코치 그리고 도반들께 감사하다. 책으로 나를 세우고 글로 나를 완성해 나가는 '고 작가'의 꿈을 그리고 있다. 나의 경험을 글로 담아 세상에 따스한 손을 내밀고 있다.

하루 끝 감사일기

읽고 쓰고 걷는 수퍼 23의 감사일기

1. 남편과 도서관 데이트 함에 감사합니다. "돈 안 벌어도 된다면 뭐 하고 살고 싶어?" 물으니 "도서관 가고 봉사하고 놀고 싶다." 합니다. 캐나다 가기 전엔 내가 없이 남편과 아이들에 맞춰서 살았습니다. 캐나다에서는 살아남느라 치열하게 정신이 없었고요. 돌아와선 나를 위한 인생 살다 보니 남편이 없었습니다. 이제 깨달아 가고 있습니다. 많이 미안하고 고맙습니다. 남편의 속마음을 알게 되는 요즘에 감사합니다. 지나간 꿈은 추억으로 남기고, 최근에 생긴 꿈들을 이룰 생각과 방법을 찾아봅니다. 그와 '같이' 살아갈 날들을 이야기하는 소박한 행복에 감사합니다.

2. 다시 달리기함에 감사합니다. 몇 달 전에 하다가 그만두었습니다. 〈북테라피〉 도반들이 뛴다는 사실에 동기 부여받아 5일 전부터 다시 시작했습니다. 아파트 주차장 말고 근처 공터에서 하니 더 안전하고 뛰기에 집중이 잘 됩니다. 파란 하늘 아래 뛰고 있는데 콧속으로 달콤한 냄새가 쏙 들어옵니다. 바로 옆 과수원에 있는 배가 익는 냄새입니다. 시골

4장 질병도 감사로, 회복의 길을 연다

살이 로망 있는 저에겐 최고 장소입니다. 『굿바이, 게으름』에 나오는 게으른 사람과 실천하는 사람의 행동 과정표에 저를 대입해 보았습니다. 달리기를 포기했던 때의 문제점과 지금 잘하고 있는 이유가 한눈에 보입니다. 표 속에 완전히 다른 두 사람이 있습니다. 포기했던 나와 다시 시도하는 나! 누구를 더 키울지를 선택합니다. 내일 조금 더 잘 뛸 저를 응원합니다. 자신을 응원할 수 있어 감사합니다.

3. 건강 정보 나눌 수 있음에 감사합니다. 맨발 걷기 중에 동네 어르신 표정이 안 좋습니다. 맨발로 걷다가 음식도 나눠 먹을 정도로 친해진 분입니다. "이거 해도 요즘 잠을 못 자!" 하십니다. 좀 더 효과적인 맨발 걷기 방법, 햇볕 쬐기, 족욕법을 알려드렸습니다. "아, 그래? 해봐야겠네." 표정이 밝아지셨습니다. 돈도 안 들고 부작용도 없고 무엇보다 제가 효과 본 것들이라 자신 있게 알려드렸습니다. 오늘 알려드린 방법에 효과 보시길 바랍니다. 아주 작은 지식을 나눌 수 있는 요즘 감사합니다.

수피 23 확언 3문장

1. 2026년, 고현숙 작가는 용기와 희망을 주는 개인 책을 출판했다.
2. 바다가 보이는 시골집에서 남편과 행복하게 살고 있다.
3. 읽고, 쓰고 걸으며, 나누는 삶을 실천하는 사람이다.

삶을 바꾸는 하루 첫 생각

5장

자존감 상실에서 감사로,
자신감을 다시 세우다

생글이 배영선

"다시 도전하는 50대. 감사로 삶을 새롭게 디자인하는 작가"

| 1 |

감사로 다시 세운 나의 목소리

"Be Yourself, 너는 너다."

- 박웅현

아침마다 감사의 긍정 확언을 했다.

"나는 무너진 자리에서 다시 일어설 용기를 갖습니다. 사직은 끝이 아니라 새로운 길을 열어준 시작임을 느낄 수 있어 감사합니다. 50대의 도전 앞에서 나는 감사로 내 삶을 다시 디자인하는 생글이입니다."

2024년 12월초 대통령의 '계엄령 선포'로 인해 온 나라가 들썩였다. 나라의 정치가 어지럽고 위태로운 상황이 계속되었다. 아리스토텔레스『니코마코스 윤리학』에서 더 나쁜 악보다 덜 나쁜 악이 오히려 더 좋을 수 있다는 원칙을 언급하며 우리가 투표에 관심을 가져야 하는 이유를 설명했다. 실시간 뉴스를 보며 이것이 정말 내가 사는 현대의 이야기인가 의아했다. 하지만, 생각보다 우리 주변에는 이런 일들이 자주 종종 일어난다.

문득 지난 시절 다녔던 회사가 생각이 났다. 유아교육을 전공하고 아이들을 가르치는 일을 평생 직업으로 알고 살았다. 동생이 건설업종 사무직 제안을 받았다며 나에게 권했다. 더 늦기 전에 새로운 것을 배우자는 생각이 들었다. 남편과 동생의 권유에 사무직으로 직장을 옮겼다. 사무실에서 거래처 전화를 받고, 통장에 용역비 입금 내용을 확인하면 된다고 하였다. 단순하고 어렵지 않은 일이라고 했다. 인생 2막을 시작하는 느낌으로 일을 배웠다. 경리과장은 인수인계서가 아닌, 말로 설명했다. 옆자리에 앉아 컴퓨터 모니터를 보면서 업무를 배웠다. 폴더별로 파일의 종류도 많았다. 노트에 메모하고, 알려준 내용을 기억하기 위해 휴대전화 카메라로 사진, 동영상을 찍으면서 배웠다. 9시 이전에 출근, 12시 점심, 저녁 6시가 지나서야 퇴근했다. 점심도 길 건너 식당에서 먹고, 바로 사무실로 들어와 일했다.

새로운 직장에서 좋은 것 중 하나는 식사 시간이다. 어린이집 교사로 일할 때는 아이들을 돌보느라 편안하게 밥 먹기 어려웠다. 사무직으로 일하니, 마음 편안하게 식사할 수 있어 감사했다. 일이 익숙해지면서 업무도 조금씩 늘어났다. 모든 일이 순탄하리라 생각했다.

취업 후 8개월 되어 가던 여름이었다. 옆구리가 자주 아프고, 소변을 볼 때마다 불편했다. 내과 병원에서 소변검사를 했다. 비뇨기과에 가서 정밀 검사를 받아 보라고 했다. 비뇨기과에서 검사했더니 신장결석이라고 했다. 콩팥에 돌이 생긴 것이다. 신장에 돌이 생기지 않으려면 물을 자주 마셔야 한다고 했다. 컴컴한 공간에 혼자 누워 있으면 충격파로 돌을 깨는 소리가 들렸다. "두두두두, 딱딱!" 마치 도로 공사할 때 기계로 바닥을 깨는 소리가 났다. 처음에는 무슨 상황인지 모르고 시술을 받았다. 두 번째부터는 침대 위에 누우면서부터 공포감이 몰려왔다. 신장에 붙어 있는 돌을 깨는 시술을 세 번 받았다. 일하면서 피곤하다고 하루에 커피믹스 두 잔은 기본으로 마신 것이 원인이었다. 책상에 앉아 서류 보느라 움직일 시간도 없었다. 결국, 몸이 먼저 반응하여 질병으로 나타났다. 몸이 망가지도록 방치했다. 지금 돌이켜 보면 일 생각에 몸을 잘 관리하지 못했던 아쉬움이 있다.

2022년에 코로나바이러스가 전 세계를 휩쓸고 지나가고 있을 때 회사 상황도 좋지 않았다. 직원들의 퇴사로 부재중인 공백을 메우기 위해 경리 부장이 외출하는 일이 많아졌다. 자연스럽게 사무실에서 혼자 일하게 되었다. 거래처의 요청뿐만 아니라 현장에서 일하는 직원들의 요구 사항도 많았다. 정작 나의 업무는 처리하지 못하고 뒤로 밀렸다. 퇴근 시간도 점점 늦어졌다. 회사가 어려운 상황이니 힘들어도 함께 극복하자는 생각으로 일했다. 경리 부장의 빈자리에 신규 채용된 직원은 3개월도 버티지 못하고 퇴사했다. 그 후 면접을 통해 채용한 직원은 하루 일하고 이후 잠적했다. 또 다른 직원은 오전에 일하고, 오후에 바로 그만두었다. 일은 쌓여갔다. 회사에서는 친절했다. 하지만 집에 와서 가족들 앞에서 짜증을 부렸다. 학업과 취업 준비로 힘들다고 말하는 딸에게 "나도 갱년기라서 힘들어."라고 했다. 수시로 몸에서 열이 올라오고 식은땀도 흘렸다. 지금 생각해 보면 딸의 마음을 이해하고 받아줘야 했는데, 내가 힘들다고 나만 생각했던 것이 마음이 아리다. 마음의 여유가 없어지면서 서로 대립의 각을 세웠다. 그냥 이해해 주길 바라는 마음이 컸다. 일상에서 불만 불평의 말이 많아졌다. 나의 감정과 표정에 따라서 가족들이 눈치를 보았다. 불평은 가족들 마음에 상처를 내는 가시가 되었다.

업무는 늘어 갔다. 인력이 부족해서 추가 인력을 부탁했다. 회사는 경영 악화로 권고사직을 권했다. 갑자기 벌어진 일로 인해, 의아한 생각이 들었다. 어쩌면 전화위복의 시간이 되리라 생각했다. 실업 급여를 받으면서 구직 활동을 했다. 50대가 되니, 재취업이 쉽지 않았다. 다시 도전하는 것이 두려웠다. 무기력하게 집에서 보내는 시간이 많았다. 2년이 그렇게 흘렀다. 50대 정규직으로 재취업하기 쉽지 않았다. 계약직 일자리도 12월이면 종료되어 새로운 직장을 구해야 했다. 구인 기관에서 요청하는 대로 이력서를 작성했다. 자기소개서에 성실함과 책임감을 꾹꾹 눌러 담았다. 결과는 불합격이었다. 열심히 하겠다는 의지를 불태웠던 시간이 후회되었다. 경력 증명서와 성적 증명서를 발급하느라 소비한 시간도 억울했다. 어차피 떨어질 것인데 헛수고했다는 생각도 들었다. 같은 공공기관에서 이력서 양식은 왜 각각 다른지 짜증도 났다.

함께 소통할 수 있는 직장을 찾고 싶었다. 과거 잘못된 선택에 대한 후회로 절망했던 시절이었다. 자신감도 잃고 웅크리고 있었다. 서서히 희망을 잃어갈 때쯤 한 송년회 모임에서 만난 분의 블로그를 통해 〈빅맘의 북테라피〉를 알게 되었다. 독서를 통해 절망의 문제가 치유되길 원했다. 새로운 돌파구가 필요하여, 입문반에 들어갔다. 이대로 나이 들고 싶지 않았다. 당당히 내 이름으로 두 번째 청춘을 맞이하고 싶었다. 더는 물러설 수는 없는 절박한 상황이었다.

전 직장에서 생각했던 용기 있는 대화는, 오히려 경영 악화로 인해 권고사직을 통보받았다. 자신감을 잃고 힘든 시간을 보냈다. 〈빅맘의 북테라피〉 안의 시스템에서 쓴 감사일기는 이런 나의 마음을 치유하고 다시 일어설 힘이 되어 주었다. **감사는 무너진 자신감을 다시 세우고, 삶을 새롭게 디자인하는 토대가 되었다.**

생글이는 생생한 글쓰기를 꿈꾸는 나의 닉네임이다. 취업이 쉽지 않았고, 자존감은 바닥으로 떨어졌을 때 감사일기를 쓰기 시작했다. 억지로 적던 감사가 어느 순간 내 마음을 살리고 있음을 깨달아 갔다. 지금은 무너진 자신감을 회복하고 50대에 할 수 있는 나만의 색을 찾아 삶을 새롭게 디자인하고 있다.

| 2 |

무너진 자존감을 감사로 붙들다

"우리는 목표를 설정하고 실패하는 과정에서 성장한다."
- 자청

2025년 1월 신년회에 참석하기 위해 대전행 KTX를 탔다. 이른 새벽에 출발하여 손과 발은 꽁꽁 얼었다. 하지만 뭔가 알 수 없는 이끌림으로 기대가 부풀어 올랐다. 기차 안에서 인생의 전환점을 기대하면서 감사의 기도를 했다.

'지금의 선택으로 자존감을 회복하고 싶습니다. 자신 있게 당당하게 살고 싶습니다.'

기차는 어느새 대전에 도착했다. 빅맘 코치는 을사년 뱀의 민첩성과 민감성에 대해 강의했다. 나다움을 아는 예민한 동물이라고 말했다. '나다움'이 무엇인지 생각했다. 3년, 5년, 7년 후를 준비하는 삶에 대해 말했다. 미래를 대비하는 안목에 감탄했다. 함께하면 뭐가 돼도 될 것 같은 확신이 들었다.

〈빅맘의 북테라피〉 입문반의 첫 번째 과제는 매일 감사일기를 쓰는 것이다. 매일 3가지의 감사 내용과 하루 목표, 긍정 확언을 포함하는 것이다. 하루 있었던 일을 사실에 근거하고 어떻게 이루어졌는지 기록했다. 평소에도 감사의 표현을 자주 사용하였기 때문에 어렵지 않게 생각되었다. 그런데 막상 하루 3가지 감사를 적는 것은 쉽지 않았다.

감사일기를 쓰면서 나를 발견하게 되고, 작은 변화가 시작되었다. 첫째, 추상적인 내용보다 구체적인 상황을 기록한다. 예를 들어 오늘 하루 건강하게 지내서 감사합니다. 건강하게 지낸 상황이 추상적이었다. 오늘 저녁 메뉴는 뭐냐고 딸이 전화했다. 등갈비 김치찜을 준비했다고 하니 퇴근 후 곧장 집으로 왔다. "역시 엄마 밥이 최고네. 우리 집이 맛집이네." 손가락을 들어 엄지 척을 보여줬다. 맛있게 먹어준 딸이 사랑스러웠다. 집밥을 먹으면서 가족이 건강해져서 감사합니다. 구체적인 상황 속에서 감사를 발견하는 눈이 커졌다. 구체적인 언어로 감사를 표현하면서 가족과 관계가 회복되었다.

둘째, 부정적인 생각이 점차 긍정적으로 변화되었다. 집에서도 자녀들에게 엄마가 아닌 어린이집 교사처럼 가르치고, 지적했다. 기본생활습관 기르기, 바른 인성을 가진 사람이 되어야 한다고 강조했다. 물건을 사용한 후에는 "똑바로 정리 좀 해라." 지적했다. 가끔 짜증도 냈다. 엄마의 불만 섞인 말로 행동 수정이 되지 않았다. 부정적인 감정 때문에 관계가 불편했다. 화장대에 화장품 뚜껑이 덜 닫힌 것을 보았다. '우리 딸이 출근 준비하느라 바빴나 보네.' 지적하기보다 이해하게 되었다. 긍정적 생각은 말을 바꾸고, 행동을 변화시켰다. 감사의 언어를 사용하니 관계도 좋아졌다.

셋째, 결핍의 원인을 알고, 성장하기로 했다. 좋아하는 것을 선택하라고 하면 다른 사람을 먼저 생각했다. 배려한다는 마음으로 선택권이 타인에게 넘어갔다. 나의 결정권을 포기했다. 가난한 가정에 2남 3녀의 넷째로 태어났다. 가난한 상황 속에서 선택보다는 포기하는 법을 더 빨리 배웠다. 답답한 현실에서 벗어나고 싶었다. 스무 살이 되면 무조건 집을 떠나고 싶었다. 대학에 합격했으나 다른 지역으로 가는 현실은 막막했다. 취직해서 직장에 다녔던 언니가 어렵게 등록금을 보내왔다. 꿈이 아닌 현실을 자각하면서 포기했다.

일이 잘 풀리지 않을 때 '그냥 4년제 대학에 가겠다고 할걸. 그러면 지금 더 잘살고 있었겠지.' 집안 사정을 위해 2년제 대학에 갔던 시간을 후회하고는 했다. 과거의 후회가 결핍의 원인이 되었다. 구직 활동을 하다 좌절되면 과거의 선택을 떠올렸다. 후회했다. 스무 살에 포기하지 않고 이기적으로 선택할걸. 부모님께 생떼라도 부렸으면 지금은 다른 삶을 살고 있을 거야. 후회와 결핍의 욕구가 20대의 시간 속에 머물게 했다. 그래서 선택에 책임지는 일이 두려웠다. 스스로 선택 불안 증상이 있었다. 가끔 내면에 알 수 없었던 분노와 원망의 정체를 알게 되었다. 결핍과 불안이 언제 터질지 모르는 상황에서 감사하는 마음에 대해 일기로 쓰면서 내면의 소리에 집중하고, 스스로 선택하며 성장하게 되었다. 모든 선택에는 내가 했다는 당연한 진리를 받아들이면서 마음의 평정심을 가지게 되었다.

실업 급여를 받으면서 구직 활동을 했다. 직장을 다시 구하기 쉽지 않았다. 다시 도전하는 것이 두려웠다. 무기력하게 집에서 보내는 시간이 많았다. 친한 언니가 요양 보호사 교육과정을 듣고 있다면서 추천해 주었다. 모든 배움은 이로웠다. 과정에서 얻은 자격증으로 부모님을 돌보고 내 삶을 미리 준비하는 마음으로 등록했다. 배우고 익힌다는 것은 즐거움이었다. 수업 시간에 교수님은 각자 배우게 된 동기를 질문했다. 부모 돌봄, 아픈 친구를 보살펴 주기, 노후 대비 자격증 취득하기 등 다양했다. 50~70대까지 다양한 연령층이 함께했다. 나보다 나이 있는 분들에게 컴퓨터 보는 방식을 설명해 드리면서 나 역시 공부가 되었다. 도움받은 어르신들이 덕분에 합격했다고 고맙다고 인사를 받을 때는 보람이 느껴졌다. 차차 나의 하루가 의미가 있고, 내가 소중하다고 생각하니 자존감이 올라가기 시작했다.

요양 보호사 자격을 취득 후에 학점은행제로 사회복지사 과정을 공부했다. 유아교육과 전공과목에서 중복된 과목을 제외하여 수강 신청했다. 사회복지학 공부를 하면서 주어진 과제도 많았다. 도서관에 가서 과목별로 새롭게 배우는 내용을 찾아가면서 리포트를 제출했다. 사회복지 현장 실습은 지역 아동 센터로 갔다. 사회복지사 2급 자격증을 취득하였다. 무기를 준비한 장수처럼 자신감이 생겼다. 일자리재단에서 베이비부머 사회 가치 창출 사업 참여자 모집 공고를 보았다. 서류에 합격하고 2차 면접도 통과했다. 디지털 에이징 지원단 강사가 되었다. 관내 경로당을 방문하였다. 전화 금융 사기 예방, 스마트폰, 무인 단말기 등 디지털 기기 사용법을 알려드렸다. 교육 후 실생활에 적용하기 위해 카페로 갔다. "이제 친구와 카페에 가서 주문할 수 있겠어." 메뉴 화면을 보면서 주문하는 두려움이 사라졌다고 고맙다고 했다. 배움엔 나이가 상관없다. 인생의 어르신을 보고 아직 늦지 않았으니, 도전할 수 있다고 생각했다. 직장에서 퇴직한 후에도 열정적으로 사회참여 봉사를 하고 계셨다. 어디에서도 들을 수 없었던 삶의 지혜를 배우는 기회가 되어 감사했다. 인생의 사계절 중에서 나는 한여름 태풍 가운데를 지나고 있지만, 이 또한 지나가리라 생각이 들기 시작했다.

회사에서 권고사직을 경험했을 때는 고통스러웠다. 7년 동안 열심히 일했는데, 갑자기 직장을 잃게 되니 원망스러웠다. 그러나 지금 생각해 보면 감사한 일이다. 계속 회사에 다녔으면 온전한 '나'는 사라지고, 불만 불평과 가족들과의 관계도 힘든 상태가 되었을 것이다. 억눌린 상태로 '회사 인간'이 되어, 나를 생각지도 못했다. 고통은 아프지만, 성장의 기회였다.

감사로 마음을 회복하면서 힘든 시간을 이겨냈다. 괴테는 함께 있는 사람, 자주 가는 곳, 어떤 책을 읽고 있느냐에 따라 사람을 판단한다고 말했다. 지금은 긍정의 에너지 가진 사람들과 소통하고 있다. 책 속 한 문장을 읽고 산책한다. 도서관에 가서 고전, 인문, 자기 계발 책을 읽고 있다. 고난 중에 감사는 고통 아닌 성장의 문으로 인도했다. 책 속에서 만난 멘토들은 나의 가치를 만들고 세워주고 있다. 감사일기를 쓰는 동안, 작은 배움이 쌓여 큰 지혜가 되어 간다는 것을 깨달았다. 매일의 감사 기록은 잃어버렸던 자존감을 다시 세워주는 든든한 기둥이 되었다.

새로운 자격증 공부와 만남에서 새로운 나를 발견하고 있다. 자칫 타인의 기대 속에 자신을 잃어버릴 수 있었지만, 감사를 통해 온전히 나다움을 찾고 살아가고 있다. 감사는 결국 자신을 잃지 않고 나답게 살아가는 큰 힘이라는 것을 경험하고 있다.

| 3 |

생생한 글쓰기로 삶을 새롭게 쓰다

"감사하는 마음을 가지면 스트레스도 짜증도 끼어들 틈이 없어요."
- 존 고든

디지털 강사가 되어, 경로당에서 어르신 교육을 했다. 그곳에서 만난 어르신들의 모습은 행복해 보였다. 부모님이 생각났다. 차로 5시간 거리에 살고 계셨지만, 사는 것이 바쁘다는 이유로, 힘들다는 이유로 자주 찾아뵙지 못했다. 어머니 손 잡고 카페에 갔던 기억이 가물가물했다. 이제 함께할 시간이 얼마 없다는 불안감이 들었다. 어머니가 보고 싶어졌다. 그때, 언니에게 전화가 왔다. 친정어머니께서 침대에서 쓰러지셔서 편찮으시다는 소식을 전했다.

"언니, 제가 내려갈게요" 더 미룰 수 없었다. 그동안 직장과 자녀 양육으로 자주 찾아뵙지 못했다. 어느새 은발의 팔순 노모가 되셨다. 평소 자식이 된 도리를 다하지 못한 죄송한 마음이 컸다. 언니가 부모님과 가까운 거리에 살고 있었다. 주말마다 부모님 댁에 가서 보살펴 드렸다. 덕분에 그동안 건강을 유지하셨다. 대학교수인 언니는 2개월 후에 학과장이 될 예정이었다. 학교 업무로 바쁜 언니의 짐도 덜어주고 싶은 마음도 있었다. 요양 보호사 자격증을 미리 준비해 둔 것이 다행이었고 감사했다.

이렇게 고향에서 부모님과 5개월 동안의 동거가 시작되었다. 팔과 어깨를 다치셨는데, 팔이 아프다고 했다. 정형외과를 찾아가 치료를 받고 퇴원했다. 침대에 누워 있는 시간이 많아 엉덩이가 짓무르는 욕창이 생겼다. 집에서 매일 상처를 소독하고 거즈를 바꾸고 회복되어 갔다. 일상적인 생활이 점점 가능해지신 모습에 건강해진 어머니가 감사했다. 어머니와 아버지와 함께했던 일상이 더는 미루지 않았던 마음을 마음껏 표현할 수 있는 시간이었다.

연로하신 부모님이 안전하게 생활하도록 집안을 살펴보았다. 우리나라의 노인장기요양보험 제도 덕분에 복지 용구를 저렴하게 사거나 대여할 수 있다는 사실을 알고, 복지 용구를 판매하는 업체와 전화하여 구매할 물품을 알아보았다. 원목으로 된 튼튼한 이동식 변기와 문턱을 낮추는 실내 경사로를 설치했다. 전동 침대로 교체하면서 기존에 있던 원목 침대를 밖으로 버려야 했다. 혼자 힘으로 이동하기 어려웠다. 친절한 복지 용구 업체 직원분이 도와준 덕분에 침대를 밖으로 옮길 수 있어서 감사했다. 일상생활에서 감사를 발견하는 시선으로 변화되어 행복했다. 한국 국민으로 이런 혜택을 받을 수 있다는 것은 감사한 자체였다.

　모든 일이 평온한 아주 보통의 하루를 보내고 있었다. 그런데, 새벽 4시에 아버지께서 화장실에 가시는 소리가 들렸다. 신음하는 소리에 잠이 깼다. 숨을 거칠게 몰아쉬면서 "아무래도 병원에 가봐야겠다."라고 하셨다. 아버지는 혈관을 확장하도록 돕는 스텐트 4개가 있어 지금 상태가 걱정되었다. 이미 순환 내과에서 호흡기 치료를 받고 있어 염려되었다. 언니에게 연락하여 아버지의 상태를 설명했다. 119 구급대로 전화했다. 구급차를 타고 병원에 갔다. 정신이 없는 새벽이었다. 병원에 도착한 언니에게 입원 수속을 맡긴 후, 택시를 탔다.

　집에 혼자 계신 어머니에게 달려갔다. 불안한 마음으로 방문을 열었다. 다행히 어머니께서 아직 일어나지 않았다. 아버지는 A형 독감에 걸려 1인실에서 5일 동안 치료받아야 했다. 친정에 내려온 지 일주일 만에 아파서 입원하셨다. 곁에서 건강을 세심하게 살펴 드리지 못한 것 같아 죄송했고 한편으로는 지금 이 시기에 내가 곁에 있어서 다행이라는 안도감도 생겼다.
　아버지께서 입원하신 다음 날, 상황이 진정되기도 전에 어머니도 아프기 시작했다. 갑자기 목이 뻣뻣해지면서 몸이 굳으신 것 같았다. 졸린 듯 계속 주무셨다. 의식이 희미해졌다. 느낌이 안 좋았다. 불안한 마음에 119 구급대에 전화했더니, 다행히 빠르게 와주었다. 갑작스러운 상황에 정신이 아득해졌다. 검사 결과 어머니께서도 A형 독감에 걸렸다. 집으로 출동한 구급대원의 침착한 대응에 감사한 아침이라는 생각을 했다. 구급대원이 아니었다면, 아버지와 어머니를 안전하게 모시기 힘들었을 텐데 세심하게 챙겨주는 모습에 감사했다. 보이지 않는 곳에서 봉사활동을 해 주는 구급대원에게 감사하다.

어머니께서는 기억이 점점 희미해지는 치매 증세로 병원에 보호자가 함께 있어야 했다. 간호하면서 가끔 정신이 없어, 나도 모르게 부정의 생각이 올라올 때가 있었다. 그때마다 〈빅맘의 북테라피〉 단톡방에는 매일 감사일기가 올라오고, 서로 소통하는 도반들의 응원 덕분에 무너지지 않고 어머니 곁을 지킬 수 있었다.

"많이 놀라셨지요. 저도 빠른 회복을 위해 기도하겠습니다. 곁에서 지켜주는 따님이 계셔서 바로 대처가 가능할 수 있었겠네요. 정말 다행이고 감사한 일입니다. 멋진 딸이십니다." 큰 위안이 되었다.

"지금, 이 순간 내가 할 수 있는 최선의 효도를 하고 있어 감사합니다." 자신을 토닥였다.

갑자기 어머니의 체온이 38.2도가 되었다. 해열제, 항생제도 투여했다. 이마와 몸을 물수건으로 닦아주었다. 열이 조금 내려가서 안심하고 있으면 또다시 체온이 올라갔다. 간호사가 주기적으로 혈압, 혈당 수치, 체온 등

확인했다. 매일 건강 상태를 언니와 공유했다. '나는 절대로 쓰러지지 않는다. 나는 강한 엄마의 딸이다. 우리 엄마는 최고다! 원더우먼이다.' 긍정 확언을 외치면서 간호했다. 나의 확언이 우주에 닿았을까 기도의 힘으로 위기의 순간을 잘 넘겨서 감사했다.

누워 계신 상태에서 침대 시트를 바꾸어야 했다. 실제로 해보니 서툴고 어려운 점이 많았다. 2인실에 함께 있던 90세 어르신은 5년 차 베테랑 간병인이 간호했다. 경험이 많은 간병인 덕분에 쉽게 시트를 교체하는 법도 알게 되었다. 간병하는 사람이 잘 먹고 건강해야 한다고 저녁에는 배달 주문으로 치킨도 시켜 같이 먹었다. 어머니와 같은 병실에 계셨던 어르신은 천식의 질환을 앓고 있었다. A형 독감까지 걸려 쌕쌕거리는 숨소리가 거칠어졌지만, 말씀도 잘하시고 유쾌하셨다. 요양원으로 가신다고 웃으면서 이야기해 주신 덕분에 힘든 병원 생활을 잘 버틸 수 있었다.

2024년 12월에 우리나라 주민등록 인구 중 65세 이상이 차지하는 비율이 20%를 넘었다. 초고령화 사회에 진입했다. 부모 부양의 책임이 늘어가는 50~60대를 '낀 세대'라고 한다. 부모이기 때문에 당연히 감당해야 한다. 한편으로는 자녀를 독립시켜야 하는 문제도 안고 있다. 자식은 열을 키워도 부모 한 명은 제대로 모시기가 어렵다고 한다. 자녀들은 매일 성장하고 부모는 노화된다. 최근 여러 번 위기를 만나고 알았다. 나의 곁에 있는 가족의 소중함이 나를 지탱하는 힘이라는 생각을 했다. 위기라는 순간에 가족이 돈독해졌다. 혼자서는 감당하기 힘든 일을 서로 의지하며 견뎌낼 수 있어서 감사했다.

　한때, **고난이라는 동굴에 자신을 가두었다. 하지만, 지금은 세상으로 나갈 준비를 시작하고 있다.** 매일 저녁에 감사일기를 썼다. 잠자는 동안 긍정의 생각이 무의식을 지배하길 원했다. 독서를 통해 생각하는 힘이 생겼다. 하루의 목표와 긍정 확언을 외치며 변화하기 시작했다. 간호하면서 어머니의 앓는 소리에 밤에도 수시로 깨어난 적이 많았고 체력적으로 한계를 느꼈다. 부모를 돌보는 시간은 힘겨웠지만, 그 안에서 가족의 소중함을 깊이 배웠다. 감사일기는 나를 지탱해 준 버팀목이 되어 고단한 날들을 지나게 했다. **가족은 삶의 힘이었다. 부모님과 함께한 시간은 감사로 피어난 자신감이었다.**

| 4 |

감사가 자신감을 디자인하다

"오늘 행복감을 만끽하며, 바라는 것이 실현될 내일에 감사하십시오."
- 이노우에 히로유키

부모님과 함께 생활한 5개월의 시간을 되돌아보았다. 20대에 두고 온 나다움을 찾는 선물 같은 시간이었다. 어머니의 병간호를 위해 고향에 도착한 날이었다. 버스는 마을 입구 정류장에 멈췄다. 버스에 내려 걸음을 재촉하였다. 내리막길로 가던 중에 여행용 가방이 '덜컹' 돌부리에 걸렸다. 흔들거리는 몸의 중심을 잡고 멈춰 섰다.

갑자기 34년 전, 겨울에도 그랬던 기억이 소환되었다. 희미하게 보이던 어머니의 모습이 점점 선명해졌다. 숨을 헐떡이며 달려오셨다. "이거 왜 안 가져가니?"라고 말씀하시며 품에 있던 돈뭉치를 건네셨다. 대학 등록금을 입금할 수 있는 마감날이었다. 대학에 합격했지만, 타향살이의 현실은 먹고 자는 것이 막막했다. 가난한 형편에서 경제적인 부담을 감당하기 어려웠다. 밥을 며칠간 굶고 이불을 뒤집어쓴 채 울어도 소용이 없었다. 답이 없었다.

아버지의 학력은 초등학교 2학년 중퇴였다. 큰아들이라는 이유로 공부 대신에 집안일을 시켰다. 독학으로 천자문, 명심보감을 공부하셨다. 가난한 집에 다섯 남매가 아버지가 못 이룬 학업에 대한 열정을 물려받았다. 아버지와 비교하면 2년제 전문대학을 보내주신 것도 감사한 일이었다. 오십이 넘어 느낀다. 그분들의 희생이 나에게 엄청난 선물이었다는 것을 말이다. 모든 순간이 감사였고 사랑이었다.

고향에서 보낸 5개월 동안 감사한 일이 많았다. 부모님과 해보고 싶었던 버킷리스트를 완성하는 선물 같은 시간이었다. 병원 모시고 가기, 미용실 함께 가기, 카페에서 차 마시기, 식당에서 맛있는 밥 먹기, 함께 동네 산책하기. 평소 마음속에 담았던 것들을 하나씩 행동으로 할 수 있었다. 그리고 감사한 마음을 매일 감사일기에 적었다. 도반들의 응원이 감사했다. 그 기분 또한 이루 말할 수 없는 축복이었다. 가족들과 떨어져 있는 시간 동안에 엄마, 아내가 아닌 나를 객관적으로 바라보게 되었다. 살아가면서 꼭 해보고 싶은 시간을 만들어 간 시간이었다. 엄마가 나를 사랑했던 순간, 아버지의 변함없는 책임감을 느낀 시간이었다. 감사일기와 〈빅맘 위즈덤 스쿨〉의 소통으로 과정을 함께 온전히 느꼈다.

부모님과 보낸 지난 5개월 동안 감사로 나는 삶을 회복했고, 생각을 글로 남길 수 있는 시간이 되었다. 그 감사함을 가족 단톡방에 올렸더니 남편이 댓글을 달았다.

"올해도 각자 자리에서 가장 아름답게 빛나고 행복하며, 우리 가정 목표를 이루는 한 해가 되자!"

자녀들은 직장 생활에 적응했고, 남편은 아내의 빈자리를 채우고, 나는 못다 한 효도를 했다. 엄마의 빈자리를 위해 자녀들은 재활용 분리와 청소 담당을 했고, 남편은 과거 자취 경력을 자랑하면서 요리 실력이 늘었다고 자랑했다. 집에 잠깐 갔을 때 먹었던 닭볶음탕은 정말 잊지 못할 맛이었다. 출근하면서 도착하면 먹으라고 준비해 준 남편의 배려였다. 정성이 담긴 음식과 마음에 감동했다. 각자 자신의 위치에서 충실하게 살고, 행복 하자 약속했다. 서로 배려하고 사랑으로 이해하는 가족 덕분에 감사했다.

내 곁에 가족 다음으로 든든한 후원자가 있다. 바로 언니다. 언니는 든든한 첫 후원자였다. 자기 계발비로 사용하라고 용돈도 보내줬다. 학창 시절 문예부였던 나는 스물다섯 살에 직장 다니면서 국어국문학과로 편입할 정도로 글쓰기를 좋아했다. 아낌없는 격려와 지지 덕분에 다시 펜을 들고 글을 쓸 수 있는 용기가 생겼다. 여동생은 부모님께 곶감, 공주 밤, 쿠키 맛있는 간식을 택배로 보냈다. 틈틈이 연차를 사용하여 부모님의 돌봄을 교대해 주었다. 고향에 사는 40년 지기 친구들은 어미 제비였다. 미나리, 두릅, 쑥떡, 밑반찬까지 수시로 챙겨 준 덕분에 외롭지 않았다. 물리적 거리로 떨어져 있어도 보고 싶다고 전화했다. 잊지 않고 기억해 주는 기도의 동역자가 있어 행복했다. 어머니의 빈자리에 언니의 든든함이 함께해 주니 감사하다.

감사의 글을 쓰면서 나타난 효과는 자신의 목표를 기록하는 것이다. 눈앞에 이뤄질 것으로 그려보는 시각화 훈련을 하는 것이다. 시각화를 통하여 일의 성취도가 올라가게 되었다. 가족들에게도 부정적인 말보다는 긍정적인 표현과 어휘를 사용하면서 관계가 좋아졌다. 지난 시절 나는 원하던 대학 입학을 포기하면서 선택과 후회를 반복하였다. 스스로 결정하는 어려움이 있었다. 책임져야 하는 것이 두려웠다. 하지만, 이제는 미래에 불안을 안고 있던 스무 살의 나에게 이야기해 주고 싶다.

"누구나 인생은 처음이야. 지나간 일에 대한, 아쉬움과 후회 대신 미래 계획을 세워봐. 작은 일부터 선택하여 도전하고 성공하는 거야. 너를 믿고 자신감을 가져봐."

감사하는 마음을 통해 진정한 자유를 경험하게 된다고 영국의 최고경영자 롭 무어는 말했다. 감사를 나누면서 칭찬이 선순환되었다. 문제의 원인을 남이 아닌 나에게 돌리면서 감사의 조건을 찾았다. 내가 아닌 상대방에게 투사하여 잘못을 변명하고 회피하려는 태도를 버렸다. 남이 아닌 나의 기준에서 판단하면서 자신감도 생겨났다. 책 읽고, 글 쓰면서 나다움을 발견하는 기회가 되었다. 하루를 돌아보면서 어떤 감사한 일이 있었는지 생각해 보았다. 물질적인 도움뿐만 아니라 따스한 말 한마디에도 차갑던 마음이 온기로 가득해졌다. 감사는 마음 온도를 올리는 긍정의 도구였다. 좋은 사람과 좋은 공간에서 시간을 보내는 것에 감사했다. 부정적인 에너지에 힘을 빼는 대신에 감사의 긍정 에너지로 채우게 되었다.

오십은 20대에 포기했던 자기 주도권을 회복하는 때라고 생각했다. 두 번째 청춘으로 도전하는 힘을 키우고 있다. 감사의 언어를 통해 인생이 바뀌는 기적을 만나고 있다. 하루가 인생의 전부였다. 인디언 추장의 두 마리 늑대 이야기가 떠올랐다. 마음속에 긍정과 부정의 늑대 중 먹이를 주는 늑대가 자란다는 이야기가 생각난다. 매일 감사의 마음을 내면화하면서 나다움을 찾아가고 있다. 독서를 통해 어제보다 1%씩 성장하면서 홀로서기를 하고 있다. 독서를 통해서 만난 도반들은 삶의 터전, 연령층, 직업도 모두 다르다. 독서라는 매개체를 통해 친밀한 관계를 맺는 선택적 가족이 되었다. 힘든 상황에서도 응원 덕분에 기분이 태도가 되지 않게 되었다. 상황에 지배당하지 않고, 부정의 언어가 긍정의 언어로 바뀌었다.

'그런데도 감사해요. 그래서 감사해요. 그래도 감사해요.' 긍정과 칭찬의 메시지를 주고받았다.

'생글이'는 나의 블로그 별명이다. 처음 듣는 사람은 '생글생글 웃는다'라는 뜻으로 이해하는 경우가 많았다. 독서와 감사일기를 통해 삶의 이야기를 글로 표현하는 작가는 나의 꿈이다. 따뜻한 감사, 말 한 줄이 사람과 사람 사이를 더 가깝게 만든다고 믿는다. 이제 나의 글이 세상에 온기를 전하는 작은 등불이 되고 싶다고 생각한다. 감사의 온기를 글로 전하는 따뜻한 작가로 살아가는 꿈을 키우고 있다.

2025년 9월 초가을에 어머니는 소천하셨다. 어쩌면 지금까지 내 인생에서 후회와 아쉬움이 없는 선택을 처음 할 수 있었다. 이 글을 쓰는 내내 어머니의 사랑을 느낄 수 있었다. 감사와 글쓰기가 나를 지탱하고, 내 안의 자존감을 단단히 세워주고 있는 것을 믿고 있다. 이제 나는 감사로 오늘을 만들고 생생한 글로 내일을 써 내려 갈 준비가 되었다.

하루 끝 감사일기

생생한 글을 쓰는 생글이의 감사일기

1. 두 분의 이모님께서 어머니를 뵈러 친정집에 오셨습니다. 세 자매 완전체가 되었습니다. 함께 나이 들어가시는 모습을 보니 서로 닮아갑니다. 토요일 오후에 행복한 웃음이 거실에 가득하게 되어 감사합니다. 세 자매의 다정한 모습을 오래 볼 수 있었으면 좋겠습니다. 이 모습을 지켜볼 수 있어 감사합니다.

2. 국민건강보험공단에서 시행하는 재가노인주택 안전환경조성사업에 주택 내부 서비스 목록을 신청하였습니다. 가까운 곳에 담당 업체 사장이 방문하였습니다. 거실과 방에 천장 조명등을 교체하여 집 안이 환해졌습니다. 불이 날 때를 대비하여 단독 경보형 감지기 설치하여 안심되었습니다. 추가로 화장실 앞에 센서 등도 고쳐주신 친절하신 설비업체 사장님께 감사드립니다. 부모님의 댁이 하나씩 정리가 될 수 있도록 도움 줄 수 있어 감사합니다.

삶을 바꾸는 하루 첫 생각

3. 시골이라서 시내로 가는 버스를 타고 도서관에 가기가 쉽지 않습니다. 동네를 산책하던 중에 게이트볼장 옆에 문이 열린 사무실을 발견하였습니다. 어르신께 잠시 사용하겠다는 양해를 구했습니다. 책을 읽고 글쓰기에 집중할 수 있어서 감사합니다. 조용한 장소를 발견한 것은 오늘 나에게 온 행운이었습니다. 온 우주가 나를 도와주는 기분 감사합니다.

생글이 확언 3문장

1. 우리 가족은 몸과 정신이 건강하다. 서로를 사랑하고 아껴주고 존중한다.
2. 나는 글쓰기 작가이다. 나를 통하여 선한 영향력이 전파되고 있다.
3. 나는 시간, 사람, 돈, 부자다.

6장

성과에서 감사로,
품격의 리더십을 세우다

품격 있는 리더 김근아

"품격은 타고나는 것이 아니라, 감사로 나를 세우고,
울림으로 세상을 향해 나아갈 때 자라납니다."

| 1 |

성과보다 품격을 선택하다

"마음속에 싹튼 소망이 말을 통해 명확한 형태를 갖추면,
반드시 현실의 것이 되어 손에 들어온다."

- 나폴레옹 힐

회사 설립된 지 1년 된 곳에 입사해 직원 일곱 명으로 시작한 이곳은 IT 스타트 업 회사였습니다. 경영기획, 회계, 총무, 인사 등 이제 시작되는 곳이니 처음부터 모든 것을 해야 했습니다. 알지 못하는 분야였지만, 함께 시작한다는 마음으로 차근차근 배워 나갈 수 있었습니다. 그렇게 17년 시간을 함께했습니다.

회계를 전공했다는 이유로, 체계화되지 않은 곳에서 업무 시스템을 설계하는 것이 두려웠습니다. 부가세, 원천세 등 세무 신고를 위해 직업전문학교를 다니며 실제 업무 현장에서 활용되는 회계 지식을 익혔습니다. 강사님과 친하게 어울리며 일에 필요한 지식과 정보를 물어보았고 배운 것은 바로 회사에 가서 적용했습니다. 평일은 야간, 새벽 근무를 했고, 주말에도 나가

일을 했습니다. 회사의 모든 것을 설계하고 운영했습니다. '왜 그렇게까지 열심히 해?'라고 물어보면 그때의 내가 답합니다. "나의 성장은 회사와 함께했어."라고 말이지요. 그렇게 회사는 서판교에서 쑥쑥 성장했습니다.

결혼은 대전에서 했기에 주말부부로 생활했습니다. 대전지사로 파견받고 업무는 본사 업무를 했습니다. 출산휴가 중에 업무적인 전화가 많이 왔습니다. 출산 3일 만에 노동부 실사 점검이 나왔습니다. 아물지 않은 배를 부여잡고 컴퓨터 앞에 앉아 검토해 준 날. 업무가 복잡했고 대신할 사람이 없었기에 3개월 후 바로 복직했습니다. 일에 대한 자부심이 있었기에 행복했습니다. 연년생을 낳고 첫아이의 초등학교 1학년 입학을 맞이했습니다. 그동안 직장 엄마로서 계속 근무할지, 그만둘지 고민 끝에 육아휴직을 냈습니다.

제 인생 처음, 가정으로 돌아가 아이들과 온전한 시간을 보냈습니다. 출근 없는 아침은 여유로웠고, 아이들이 좋아하는 음식으로 계란말이 김밥을 준비했습니다. 새로운 친구와 친해진 계기, 학교에서 주는 급식 반찬들, 수업 시간 선생님께 칭찬받은 소소한 이야기들을 여유롭게 듣고 공감했습니다. 작은 손을 잡고 학교로 가는 길에 '학교 잘 다녀와!' 밝게 인사하며 손을 흔들어 주었습니다. 아이들과 작은 추억을 쌓으며, 1년이라는 시간이 흘렀습니다.

복직 신청 후 결과는 기존에 다니는 대전지사가 아닌 본사 출근으로 통보받았습니다. 성남 터미널 폐업으로, 자차로 출근했습니다. 시간이 지나면 대전으로 옮길 수 있는 기대감으로 하루 기본 4시간 이상을 길에서 보내야 했습니다. 점점 상황이 나아질 거라 믿었습니다. 대전에서 서판교로 출퇴근했습니다.

하지만, 결국 체력적 한계를 느끼면서 친척 집에 머물게 되었습니다. 코로나 시절이었기에 친척 집에 머무르는 것조차 눈치가 보였습니다. 다시, 대전에서 출근과 퇴근을 했습니다. 매일 새벽 4시 30분 기상하여 아이들 아침밥을 준비해 놓고 출근을 했습니다. 차가 막히지 않으면 2시간, 상황에 따라 3시간 넘게 운전대를 잡았습니다. 유튜브에서 흘러나오는 〈하와이 대저택〉의 5분 컷 시리즈를 통해 지쳐 있는 현실을 진짜 원하는 방향으로 나아갈 수 있도록 생각하는 시간을 가졌습니다. 잠재의식 속 한계를 지우고 끊임없이 자신의 삶을 탐색하는 시간을 갖도록 했습니다. 회사의 규모가 커졌고 육아휴직 후 선택을 해야 했습니다. 결국, 17년 애정이 담긴 회사와 이별하였습니다.

퇴사 후 가장 많이 든 생각은 '허무하다'였습니다. 함께했던 인연이 물거품처럼 사라졌습니다. 중요한 인재라고 생각했지만 결국 지나온 세월은 일하는 소모품이었다고 생각하니, 가슴이 아팠습니다. 환경적 요건에 의해 어쩔 수 없는 상황이라고 말하지만, 담을 수 없는 아쉬움이 아닌 공허한 신세 한탄이 생기기 시작했습니다. 한순간에 소속감이 사라졌습니다. 뭐부터 해야 할지 몰랐습니다. 계획되지 않은 퇴사는 나를 무기력하게 만들었습니다. 열정을 다해 보냈던 지난 과거를 부정당하는 것만 같았습니다. 화가 났습니다. 아이들을 위한 선택이었는데 좀처럼 자리를 잡지 못하고 방황하는 시간을 보냈습니다. 퇴사 후 마음에 담아 두었던 가족들에게 집중했습니다. 가족들은 저마다 자신의 일정에 바빴습니다. 생각했던 것보다 엄마의 손은 필요하지 않았습니다. 아이들 스스로 자립성이 큰 상태였습니다.

아이들을 위한 선택이라고 했지만, 그 선택에 제가 없었습니다. 가족을 위한 선택이라고 했지만, 그 선택에 자신의 중요성을 생각하지 못해 방황의 시간이 길어졌습니다. 회사를 떠난 후의 공허감과 아이들만 바라보던 '투명 인간' 같은 시간을 보내야 했습니다. 이 상태로는 안 되겠다는 생각이 들었습니다. 그때 지인이 저에게 책을 권했습니다.

오승하 작가의 『희망의 트랙 위에 다시 서다』 책 한 권을 쓱 내밀었습니다. 이분이 운영하는 〈빅맘의 북테라피〉 독서 모임에 함께 활동해 보는 것이 어떻겠냐고 제안하셨습니다. 국가대표 스케이트 선수를 만들어 내기 위한 엄마의 인생을 보며, 웃다가 울기를 반복하였습니다. 책을 읽으며 연년생 두 아이를 5개월 만에 어린이집으로 보내고, 출근했던 날들이 떠올랐습니다. 모유가 차오르던 가슴을 부여잡고 화장실에서 눈물을 머금었던 날, 아이가 열이 펄펄 오름에도 불구하고 마감하기 위해 출근을 할 수밖에 없

삶을 바꾸는 하루 첫 생각

던 날, 두 아이가 병원에 폐렴으로 입원한 날에 회계감사를 받았던 날들이 필름처럼 흘러갔습니다. 어려운 환경 속에서도 멋있게 아이를 성장시키고 있는 작가님이 궁금했습니다. 작가님과 나의 차이점은 무엇이고, 앞으로 어떻게 살아가야 할지 방향을 제시해 줄 것만 같았습니다.

독서 모임의 과제는 2가지였습니다. 매일 감사일기를 쓰고 책을 읽으며, 깨닫고 적용할 것을 기록하는 것입니다. 감사일기는 매일 같이 하루 3가지 쓰게 했습니다. 가끔 혼자서도 썼기에 시작은 어렵지 않았습니다. 그런데 매일 쓰는 것에 마음의 작은 균열이 생겼습니다.

처음 시작하고 이틀은 4개의 감사를 썼습니다. 3일째 되는 날 감사를 찾을 수 없었습니다. 어제와 오늘이 같았기에 특별하지 않았습니다. 세 줄 쓰는데 30분이라는 시간이 훌쩍 지나갑니다. 고민하는 시간을 가지게 되었습니다. 감사한 일을 쓰다가 막히면 다른 도반들이 쓰는 일기를 살펴보기도 했습니다. 무엇에 감사하는지 나에게 유사했던 경험이 있는지 살펴보았습니다. 반복되는 기록은 지금까지 보지 못한 세상을 조금씩 확장해 가는데, 도움이 되었습니다. 일기를 쓰기 위해 감사한 일들을 찾아 나서기 시작했습니다. 반복하는 일기가 아니라, 일상에서 의미를 부여하는 일들이 늘어나기 시작했습니다. 감사일기가 서서히 저의 회복 탄력성을 만들어 주었습니다. 제 삶의 무대에 그동안 제가 없었다는 것을 알아차리면서 저는 무대의 주인공으로 올라서기 시작했습니다.

퇴사하고 허탈한 일상 속에서 감사일기는 출근 도장이었습니다. 17년간 직장인으로 살아갔던 소속감의 빈자리를 독서 모임이라는 공간에서 본인의 위치를 찾았습니다. 마주한 현실을 용기 내어 인정했습니다. 바라보니, 시선을 긍정적으로 보고 해석하는 힘을 얻었습니다. 퇴사 후 허전함을 극복했습니다. 자신을 이해할 수 있었고, 홀로 설 수 있는 독립체가 되었습니다.

〈빅맘 위즈덤 스쿨〉에서 품격은 타고난 것이 아니라 회복과 감사 속에서 길러진다는 것을 배우고 익히고 있습니다. **감사를 쓰면서 제 인생의 주인공이 되었습니다.** 저를 중심으로 가정과 사회가 돌아가기 시작했습니다. 가족의 독립적인 태도를 인정하기 시작했습니다. 감사일기를 작성하면서 제 인생의 두 번째 청춘은 주인으로 살아가는 힘을 받았습니다. 가정, 일, 나를 세우는 균형과 함께 공부하는 도반들과 성장하는 길은 진정한 품격을 느낄 수 있는 시간이었습니다. 성과 중심의 경영기획자에서 이제는 감사 중심의 회복형 리더의 길을 걸어가고 있습니다. 감사를 통해 제 삶의 주인공으로 다시 설 수 있는 시간이 진정으로 '품격 있는 리더'로서 가정과 공동체에서 균형과 성장을 이어가고 있습니다.

| 2 |

고난은 삶의 방향을 전환시키는 나침반이다

"중요한 것은 어떤 일을 시작하고 변화를 만드는 것이다."

- 존 크럼볼츠, 라이언 바비노

출근하기 위해서는 우선으로 해결해야 할 부분이 양육이었습니다. 큰딸은 초등학생 2학년, 둘째는 초등 1학년 아들입니다. 퇴근하고 집에 돌아오면 오후 8시였기에 저녁밥이 걱정이었습니다. 아직 초등 저학년이라 식사를 차려 먹기에는 무리가 있었습니다. 걱정하고 있을 때 시어머니께서 아이들을 돌봐주신다고 제안해 주셨습니다. 요리하시는 것은 힘들다 하셔서 새벽에, 하루 음식까지 준비해 놓고 출근했습니다. 아이들 저녁밥을 차려주며 집을 돌봐주는 어머님 덕분에 직장 생활을 할 수 있었습니다. 지금 생각해 보면 어머님의 힘으로 직장 생활을 할 수 있었습니다. 글을 쓰면서 어머님의 지난 시절 노고에 감사함을 전하고 싶습니다.

하루는 회계감사 기간이라 퇴근할 수 없었습니다. 친척 집에서 잠을 청했습니다. 신랑은 유럽 출장 중이고, 아이들은 시어머니와 함께 자는 날이었습니다. 할머니와 자본 적이 있어서 다행이라고 생각했습니다. 다음 날 아침 친정 엄마로부터 전화가 왔습니다. 손주들이 말을 안 들어 시어머니는 친정 엄마에게 전화해 아이들의 행동에 섭섭함을 전달하셨다고 했습니다. 느낌이 좋지 않아 오후 휴가를 냈습니다. 급히 집으로 내려가고 있었습니다. 운전 중에 시누이에게 연락이 왔습니다. "애들 왜 이렇게 예의 없이 키웠어?"라고 말합니다. 자식에 대해 이야기를 들으니 감정이 좋지 않았습니다. 아이들과 있었던 일들을 저한테 전화해서 먼저 이야기해 주셔야 했는데, 다른 가족에게 들으니 마음이 불편했습니다. 상황을 알지 못해 대답도 하지 못하고 집으로 달려갔습니다. 하교 후 집으로 돌아온 아이들은 저를 보자마자 엉엉 울기 시작합니다. 두 아이가 서로 부여잡으며 말하지 못한 채 1시간 우는 모습을 보고 엄마로서 가슴이 아팠습니다. 일하는 것이 무엇인지 심한 허탈감이 밀려왔습니다.

진정이 된 후, 아이들이 이야기했습니다. 집에 친구들을 데려왔고, 할머니께서 혼내셨다고 합니다. '그래. 그랬구나. 그럴 수 있지.' 아이들에게 좋아하는 음식을 해 주었습니다. 맛있는 불고기 상추쌈, 미역국으로 저녁 밥상을 차렸습니다. 밥상을 보며 두 아이가 "정말 행복해. 맛있다."라고 말하는 모습을 보며, 행복은 큰 것이 아니라 소소하게 이뤄가는 것인데 생각이 들었습니다. 직장 생활로 아이들에게 신경 못써줘 마음이 아팠습니다. 맛있게 식사 후 잠자리에 들었습니다.

새벽 3시에 둘째가 배가 아프다며 데굴데굴 뒹굴며 소리를 지릅니다. 식은땀을 뻘뻘 흘렸습니다. 정신이 하나도 없었고, 참고 있던 눈물을 흘리는 아이를 보면서 기도했습니다. 병원 응급실로 달려가면서 식은땀이 났습니다. 검사 결과 신경성 스트레스 위염이었습니다. 처방된 약을 먹자마자 다행히 아이의 진통은 사라졌습니다. 이 사건 이후로 시어머니는 1년 반 만에 아이의 돌봄을 중단하셨습니다. 두 아이 육아와 출근하는 일상이 점점 버거워졌습니다. 2시간 넘게 운전대를 잡아야 하는 긴장감으로 몸이 경직되고 숨이 가빠지는 날들이 많았습니다. 잦은 두통으로 타이레놀을 수시로 복용하고, 3개월에 한 번씩 병원에 찾아 수액을 맞아야만 했습니다. 회사 일에 적극적으로 참여하지 못했고, 가정도 돌보지 못했습니다. 앞으로 나아질 기대와 실망 사이를 줄타기하였습니다. 매일 조금씩 지쳐가는 자신을 마주했습니다. 40대 이후 맞이하는 인생에 대해 어떻게 살아가고 무엇을 하며 지내야 할지 질문하지 않았던 결과였습니다.

퇴사 후, 나 자신을 돌보는 시간을 가지게 되었습니다. 남을 위한 소모품이 아닌 주인공이 되고 싶었습니다. 집에서 일할 수 있고, 시간과 공간이 자유로운 일을 찾았습니다. '디지털 노마드'를 알게 되었습니다. 노마드는 유목민이며, 인터넷을 통해 생계를 유지하거나 삶을 살아가는 사람이었습니다. 무엇보다 특정 사무실에 묶여 일하는 대신에 인터넷, 스마트폰과 같은 디지털 도구만 있으면 어디서든, 일을 할 수 있는 것이 매우 매력적으로 느껴졌습니다. 어디에 얽매이지 않고 해내는 것이 멋있었습니다. 다양한 디지털 직업 종류 중에 블로그를 선택했습니다. 자본금이 필요하지 않았고, 접근하기 쉬워 도전했습니다. 블로그 강의를 수강하고 배웠습니다. 정보성 글을 블로그에 작성하고 행동 키워드를 통해 광고를 클릭하는 방식이었습니다. 생소했지만 재미있었습니다. 회사를 그만두고 수익 블로거로서 고정된 수입을 벌고 싶었습니다.

글을 쓰기 위해 자료를 찾고 구성에 따라 작성하면 2시간 넘게 걸렸습니다. 그러던 중 오픈 AI가 나왔습니다. Chat GPT를 활용하니 10분이면 완성되었습니다. 한 시간이면 2~3개의 블로그 글을 완성할 수 있었습니다. 손쉽게 작성할 수 있었습니다. 어느 순간 돈 되는 키워드에만 집중했습니다. 글마다 궁금한 자료를 바로 제공하지 않고 다른 블로그로 연결했습니다. 광고를 많이 노출될 수 있도록 글을 형성했습니다. 수익 창출에 빠르게 성공하고 싶었습니다. '이렇게 돈 버는 것이 쉬운 것이었어.' 갑자기 신이 났습니다. 어느 날 구글 애드센스에서 계정 해지 통보가 왔습니다. '게시자 콘텐츠보다 광고'가 더 많은 이유로 정책 위반 안내였습니다. 유일한 수익이라고 생각했던 부분이 한순간에 사라졌습니다. 화가 났습니다. 욕심이 부른 결과였습니다. 자책했습니다. 24시간 안으로 감정을 다스렸습니다. 이유는 감사일기를 써야 했기 때문입니다. 〈빅맘의 북테라피〉 활동으로 감사일기 작성하는 것이 필수였기 때문입니다. 애드센스가 한순간에 해지되었고, 수익금이 사라진 일에 감사를 찾자니 위선 같았습니다.

감사일기를 쓰던 시간을 돌아보았습니다. 마음을 노트에 기록해 보았습니다. 10개월 동안 감사일기를 쓰면서 성장으로 나아갈 수 있는 3가지 도구가 생겼습니다. 첫째는 매일 기록했습니다. 과거에 썼던 감사 노트는 좋은 일이 있을 때만 썼습니다. 빠르게 기분 좋게 써 내려갈 수 있었습니다. 반복되는 일상에서 매일 감사 찾기는 어려웠습니다. 시선을 바꾸고 일상에서 감정의 기복을 다스리는 힘을 얻을 수 있었습니다. 과정에서 '제 마음이 단단해졌구나!' 느낄 수 있었습니다.

둘째, 피드백입니다. 매일 적어 내려가는 글에 코치의 댓글이 달립니다. 좋은 일은 온 마음을 다해 축복해 주셨습니다. 피드백을 통해 일상에서 마주하는 소소함의 가치에 행복을 느꼈습니다. 슬픈 일에는 위로를 건네주셨습니다. 때로는 독설가 코치가 되실 때도 있습니다. 독설 뒤에는 책에서 얻은 문장과 경험을 얹어 설명해 주셨습니다. 과정에서 무엇을 놓치고 방향을 잘 못 잡고 있는지 알 수 있었습니다. "리더님, 오늘은 불편한 이야기를 해드려야 할 것 같아요. 요즘 바쁘세요. 하는 일이 많아 보이십니다. 잘할 수 있는 일이 무엇인지 살펴보고 집중하는 일을 선택해 보세요. 잘한다는 것은 수치화가 되어야 합니다. 느낌 말고 의미 있는 결과를 숫자로 보여주세요." 당황했습니다. 하지만, 과정에서 자신을 돌아보는 시간을 가졌습니다. 지금껏 '일 잘한다. 기획력 좋다. 한다면 해내는 사람이다.'라는 이야기에 익숙한 저는 기분이 좋지 않았습니다. 시간이 지나면서 알았습니다. 그동안 열심히 잘 살았다고 생각했는데 눈에 보이는 성과가 없었음을 알아차리기 시작했고, 왜 인생의 주인공으로 설 수 없었는지 알아차렸습니다.

셋째는 〈빅맘의 북테라피〉 감사일기 안에는 행동 촉구를 하는 힘이 있습니다. 감사함을 찾다 보니 감정과 생각에 빠져 놓친 부분이 많았습니다. 쓰다 보니, 자신을 직관적으로 보고 행동이 필요하다는 것을 알아차렸습니다. 행동했고 결과에 따른 감사가 찾아왔습니다. 감사 기록을 하니, 해야 할 일에 집중할 수 있었습니다. 완벽하기 위해 미뤘던 일들을 하나씩 완료하기 시작했습니다. 하루가 소중했습니다. 행복한 일로 만들기 위해 새로운 시선으로 바라보려고 노력했습니다. '왜 이런 일이 일어났을까?'를 고민했습니다. 의미를 부여하지 않았고, 쉽게 생각했던 안일한 태도였습니다. 정성 보다는 요행을 바랐던 자신을 마주해야 했습니다. AI를 활용해서 손쉽게 진행했던 순간이 떠올랐습니다. 목적 없이 행동하는 진짜 나의 모습을 보았습니다. 부끄러웠습니다. 장기적 관점으로 바라보지 않고 눈앞에 있는 일에만 집중하는 하루살이처럼 보였습니다. 정보성 블로그 글을 통해 수익 창출은 어떻게 가져야 할지 본질을 생각하게 된 계기가 되었습니다.

고난은 삶의 방향을 전환 시키는 나침반이 되었습니다. 17년 된 회사와 헤어진 후 만나게 된 디지털 노마드라는 새로운 직업은 또다시 인생의 목적을 놓친 결과, 애드센스 해지라는 고난의 결과를 가져왔습니다. 찾아온 고난이 없었다면 내가 누구인지도 모른 채 타인의 기준에 따라 살았을 것입니다. 맞이하게 된 일상에 의미를 부여했습니다. 과정에서 본질을 찾는 계기가 되었습니다. 누구나 어려운 시기를 겪습니다. 하지만 그 시간을 어떻게 바라보느냐에 따라 삶은 달라집니다. 이제는 제가 선택한 길을 걷습니다. 다시 어둠 속에서 방향을 잃어버릴지라도 감사를 통해 다시 나의 길을 찾을 수 있습니다. 자유롭고 유연하게 말입니다. 나답게 살아가는 중입니다.

품격 있는 길은 과정에 있다는 것을 알아차렸습니다. 오픈 AI에 우선한 디지털 노마드가 아닌 저답게 저의 스토리를 과정에 담을 때 품격이 생긴다는 것을 알았습니다. 다시 시작하는 힘은 내 안에 있다는 것을 알았습니다. 그리고 그 과정을 함께 성장하는 힘으로 증명하고 있습니다.

| 3 |

혼자가 아니라 함께하는 길

"당신은 훌륭한 팀과 일해야만 레버리지 방식으로 살아갈 수 있다."
- 롭 무어, 『레버리지』

새벽 출근으로 아이들 등교하는 모습을 보지 못했습니다. 퇴사 후, 첫날 그동안 돌보지 못했던 미안함을 행동으로 표현하고 싶었습니다. 두 아이 가방을 챙겨 학교 정문까지 함께 등교했습니다. 채워주지 못했던 엄마의 빈자리를 조금씩 채워주고 싶었습니다. 마음을 알았는지 아이들도 제 손을 잡고 등교했습니다. 콧노래를 흥얼거리며 마주 잡은 두 손을 앞뒤로 흔듭니다. 가족들이 각자의 자리로 돌아가고, 집으로 돌아와 청소하고 앉았습니다. 고요한 시간. 휴식을 만끽하기 위해 넷플릭스 영화, 드라마를 차례대로 내려받아 봅니다. 그동안 바쁜 일상에 대한 보상을 받고 싶었습니다. 시간은 훌쩍 지나갑니다. 학교를 마치고 아이들은 집에 들러 자신의 일정에 따라 바쁘게 움직입니다. 간식을 준비하고 아이들을 바라봅니다. 각자 위치에서 스스로 잘 해내고 있는 가족의 모습이었습니다.

엄마의 역할을 해보니 다람쥐 쳇바퀴 돌아가듯 분주했습니다. 특별한 것 없는 하루가 반복되었습니다. 필요한 존재가 되지 않은 것처럼 무기력과 공허한 감정이 찾아옵니다. 퇴사하고 나서 마주한 감정은 자유가 아닌 허탈감이었습니다. 하루 8시간 이상, 17년 동안 같은 조직에 몸담으며 쌓아왔던 소속감은 허전함이었습니다. 직장 활동은 나의 정체성과 안정감을 주는 울타리였다는 사실을 깨달았습니다. 소속감은 삶에 리듬과 의미를 주었습니다. 울타리가 사라지고 나니 마음이 불안했습니다. 정체성, 미래, 수입, 재산, 교육 등 다양한 문제들이 잠시라도 가만히 있는 자신을 볼 수 없습니다. 체력이 부족하고 집중력이 떨어졌습니다. 쉼을 위해 잠을 청했습니다. 많은 잠은 생활 방식을 불균형하게 만들었습니다. 감정이 태도를 만들었고, 아무것도 하지 않는 생활은 우울의 악순환이 되었습니다. 소속감이 가져오는 파장은 매우 컸습니다. 무엇인가 필요한 존재가 되고 싶었습니다. 인정받는 사람, 필요한 사람, 성장하는 사람이 되길 바랐습니다. 그때 만난 것이 지인의 소개로 만난 〈빅맘의 북테라피〉였습니다. 어설프게 참여하면 힘들고 '빡세다'라는 말에 오히려 신뢰감을 느꼈습니다. 열심히 행동할 수 있는 공간이 필요했기 때문입니다.

참여 후 생각보다 어려웠습니다. 평상시에 책을 가까이했어도 기록하지 않기에 서툴렀습니다. 독후감처럼 뭔가 제대로 써야 한다고 생각이 들었습니다. 실천하지 못해 자괴감에 빠져들었습니다. 어렵고 힘들어할 때 함께하는 도반들의 조언과 응원 덕분에 심리적 안정을 취할 수 있었습니다.

소속감을 느끼게 해 준 새로운 나만의 울타리가 생겼습니다. 완벽보다는 완수에 집중하라는 이야기는 위안이 되었습니다. 독서를 통해 얻은 한 문장을 가지고 작성하기 시작했습니다. 제가 선택하는 문장들은 현재의 마음을 표현했습니다. 지나온 과거의 후회, 미래에 대한 불안감, 소속감, 발전적인 성장이 담긴 글에 마음이 흔들렸습니다.

그때, 빅맘 코치는 '칭찬 일기를 써보세요'라고 말씀하셨습니다. 쓰라고 한 이유를 처음에는 이해하지 못했습니다. 의문을 가지고 해야 할 일에 집중했고 행동에 칭찬하기 시작했습니다. 하루의 일상 속 보물 같은 감사한 일과 함께 자신을 칭찬했습니다. 나에게 주어진 환경에 대해 감사를 하다가 칭찬하니 다른 세상을 대하는 저의 태도를 보았습니다. 나의 행동, 실천, 마음가짐에 대해서 칭찬했습니다. 생각에서 머무는 것이 아니라 실천에 집중했고, 나를 온전하게 지켜보는 계기가 되었습니다. 기록되어 있는 글에서 나를 비난하고 자책했던 문장들이 점점 사라지기 시작했습니다.

감사일기를 통해 나를 만났습니다. 대전에서 서울까지의 긴 출퇴근, 그리고 퇴사 후의 인생이 막막했습니다. 때마침 만난 〈빅맘의 북테라피〉 모임으로 제대로 된 독서와 감사가 담긴 소중한 기억을 알게 되었습니다. 책이 주는 위로와 통찰을 발견했습니다. 책을 통해 얻은 한 문장은 나의 마음밭에 씨앗을 하나씩 심는 것 같습니다. 씨앗이 자라기 위해 물, 햇빛, 흙, 영양분이 필요합니다. 공간에 함께하는 도반들이 나누어주는 응원, 위로,

삶을 바꾸는 하루 첫 생각

따뜻한 말들이 저의 자양분입니다.

주어진 환경에 긍정적인 부분을 찾아 좋은 에너지를 마음속에 심는 농부와 같습니다. 혼자 했으면 작심삼일밖에 가지 못합니다. 함께하는 도반들이 있어서 앞으로 나아갈 수 있습니다. 서로 밀고 당기고 웃고 울다 보니 어느새 서로에게 정서적 안정감을 취할 수 있는 소속 인원이 되었습니다. 감사의 기록으로 행복한 자신을 만나는 한 컷의 사진으로 만날 수 있었습니다.

17년간 경영기획자로 스타트업의 성장을 이끌며 치열한 리더십을 발휘했습니다. 결과적으로 만족감은 있었지만, 몸과 마음의 한계로 회사를 떠났습니다. 현재 저는 〈빅맘 위즈덤 스쿨〉에서 감사와 회복의 길을 재발견했습니다. 공동체 속에서 더는 혼자가 아닌 도반들과 함께 성장하며, 새로운 리더십을 배우기 시작했습니다. **성과 중심의 리더가 아닌 품격과 나눔이라는 공동체를 이끌어 가는 리더**로 배움을 익히고 성장하고 있습니다. 함께 성장하는 길은 품격 있는 리더가 가야 할 길임을 느끼고 있습니다. 온전히 저는 지금 품격 있는 리더로 성장하고 있습니다.

| 4 |

디지털 노마드로 꿈꾸는 두 번째 인생

"애벌레가 고치 속으로 들어가는 것은 결코 숨는 것이 아니다.
자기 대면의 시간이다."

- 문요한

17년 동안 회사의 경영기획자로 활동한 결과 스타트업으로 시작한 회사는 크게 성장했습니다. 그리고 그 중심에 있다는 사실이 자부심을 느끼게 해 주었습니다. 늘 성과 중심의 리더십을 가지고 행동했습니다. 결과가 좋을 때마다 나의 성장처럼 행복했습니다. 지방에서 출근과 퇴근을 하며, 몸과 마음에 한계를 느껴졌습니다. 퇴사했습니다. 환경을 원망했습니다. 스스로 선택한 일이지만 받아들이는 마음에는 준비가 되지 않았습니다. 회사에 대한 인정과 기대를 놓친 자신에게 실망했습니다. 동료들과 때로는 상사와 소통이 중요하다 생각했으면서 정확하게 소통하지 않았습니다. 다만, 저의 환경에 대해 해석하려 했습니다. 문제를 해석한 방식은 대부분 개인의 생각으로 부정적인 생각들이 마음을 더 옭아매었습니다.

오랜 시간 다니던 직장을 퇴사 후, 서운함과 허무한 마음이 가득했습니다. 돌이켜보니 회사를 정말 사랑했다는 생각을 했습니다. 주인처럼 살았는데, 소모품이었다고 여기는 마음이 문제였습니다. 내 인생은 아무도 책임을 져주지 않는데 의존했음을 알았습니다. 누구도 제 인생을 대신해서 살지 못하는데, 회사 때문이라고 상처라고 생각한 부분도 저의 선택이라는 것을 깨달았습니다. 결국, 모든 것은 자신이 책임져야 한다는 것을 깨달은 순간, 저를 볼 수 있었습니다. 자존감이 떨어지고 불안했습니다. 긴 질문 끝에 모든 책임은 '나에게 있었구나!' 알아차릴 수 있었습니다.

앞으로 어떻게 하면 '나답게' 내 인생의 품격 있는 리더로 성장할 수 있을까? 질문했습니다. 세상에 알아주는 사람이 중요했던 시간을 버리고 내 안의 시선으로 볼 수 있도록 전환했습니다. 내가 나를 얼마나 알고 있는지를 살펴보았습니다. 바라보고 바라보니 자신의 마음을 몰라 혼란스러웠습니다. 익숙한 시선이 아니었기 때문입니다. 타인에게 비칠 결과만 자꾸 떠오르던 어느 날 결정했습니다. 매일 운동, 감사하기와 디지털 노마드를 꿈꾸는 과정을 매일 하는 리더가 진정 품격 있는 리더라고 생각했습니다. 성과 중심이 아닌 과정을 즐기는 사람이 된다 생각하니, 한결 하루를 충실히 보낼 수 있었습니다.

'나답게' 살아가기를 바랐지만, 어디서부터 해야 할지 몰라 막막했습니다. 학교에서도 알려주지 않는 인생의 비밀을 〈빅맘 위즈덤 스쿨〉에서 나다움이란 무엇인지 만들어 가는 과정을 보내고 있습니다. 정답을 찾기는 어렵습니다. 각자가 삶을 대하는 태도가 다르고 해석을 다르게 하기 때문입니다. 배웁니다. 책을 통해 배우기도 하고, 함께하는 도반들의 이야기와 응원과 성장을 통해 나의 기준을 알아갑니다. 서로에게 진심으로 소통하고 감사를 나누기 때문입니다. 자신을 맞이하기 위해 저마다의 방법에는 여러 가지 있을 것입니다. 제가 생각하는 방법은 누구에게나 정답이 될 수 없지만, 저는 다음과 같은 3가지의 해답을 찾아 적용했습니다.

첫째는 매일 감사일기 3개 이상 작성하기입니다. 일기를 작성하면서 기존 해오던 방식처럼 익숙하게 작성하지 않습니다. 정성을 다해서 그날 있는 일을 기록합니다. 기록한 내용을 보고, 내 안에 진정한 감사를 찾습니다. 긍정적인 언어로 표현하려고 노력합니다. 현재 상황을 구체적으로 설명하면서 적습니다. 감사일기는 내면의 변화를 알아갈 수 있는 과정입니다. 하루의 단순함 속에서도 감사를 찾습니다. 일상에서 집을 오가는 반복적인 삶이 평안함에 감사함을 찾습니다. 친구들과 수다를 떨며 커피를 마시며 웃고 있는 모습에 감사합니다. 체력을 위해 건강함을 유지하고 자연을 만끽할 수 있는 소중한 몸이 있음에 감사합니다. 나의 시선으로 세상을 아름답게 바라보도록 노력합니다. 기록이 쌓인 글들을 지나고 보면 감정 상태, 마음가짐, 태도들을 볼 수 있습니다.

둘째는 주변 사람들에게 소통의 복 감사한 메시지를 나눕니다. 전화도 좋고, SNS 카톡이나 문자메시지도 좋습니다. 부모님, 친구, 지인들에게 안부 메시지를 보냅니다. 기분 좋은 메시지를 통해 누군가의 하루에 기쁨과 행복의 에너지를 선물하기 때문입니다. 하루에 한 명씩 복을 나눕니다. 할 말이 없다면 명언이라도 보내도 좋습니다. 아니면 단체 톡 방에 올라오는 메시지에 답변을 답니다. '감사합니다'라는 간단한 메시지나 하트를 눌러줍니다. 작은 사랑의 나눔 실천을 합니다. 타인을 이해하는 힘이 있다면 나를 살펴볼 수 있는 눈도 생깁니다. 나누는 것만으로 기쁨이 되는 날이 찾아옵니다.

셋째, 배운 지식은 이웃과 함께합니다. 미래를 생각하면서 다양한 자격증을 취득했습니다. 배우고 자격을 갖추고 좋은 기회를 스스로 만들어 가고 있습니다. 미래에 대한 막연한 불안감으로 자격증 30개를 취득하면서 배우고 익히니, 제가 가진 재능을 주변과 나누고 싶습니다. 그런데 스스로에게 무엇을 나눌 수 있냐고 물으면 선뜻 무엇이라고 말하지 못합니다. 처음부터 목표를 가지고 자격증을 취득한 것이 아니라 인기 있는 자격증이라는 말로 취득한 것이기 때문입니다. 쌓여가는 자격증을 볼 때면 성취감은 얻지만, 자신을 이해하는데 혼란이 가중됩니다.

처음 빅맘 코치는 코칭해 주실 때 이런 말을 해 주셨습니다. "예를 들어 부동산 개발을 할 때, 처음부터 계획된 도시와 달리 그때그때 '여기가 좋다' 싶어 이곳저곳을 개발하다 보면 주변과 어우러지지 못하고 난개발이 되기 쉽습니다. 그렇다면 두 경우 중 과연 어느 쪽이 더 가치 있을까요?" 자기 계발도 이와 같다고 했습니다. 그 말에 동의할 수밖에 없었습니다. 자격증이 있으면 다 안다고 착각했습니다. 하지만, 아는 것과 실천하는 것은 달랐습니다. 누군가에게 설명하려면 실천을 하고 경험을 쌓아야된다는 사실을 받아들여야 했습니다. 학습된 지식을 나눌 때 깊이가 달라진다는 사실을 인정해야 했습니다. 나눔을 한다는 것은 배울 때 더 넓은 시각으로 볼 수 있고 지혜의 양도 폭넓어집니다. 진정한 배움은 혼자 깨닫는 것이 아니라, 함께 나눌 때 '완성된다'라는 의미를 알아차려 가고 있습니다.

나답게 살아가기를 매 순간 물어봅니다. 오늘 원하는 나를 만들어 가는지, 목표를 세운 것들을 작은 실천으로 해내고 있는지, 마음에 품고 있는 나만의 본질은 무엇인지 살펴봅니다. 질문을 통해 내가 가진 것에 자각합니다. 오랫동안 회사의 성장을 위해 앞만 보고 달려왔습니다. 성과와 경쟁은 있었지만, 마음 한편은 늘 공허했습니다. 그러나 감사일기를 만나고, 공동체 안에서 품격 있는 리더십을 배웠습니다. 이제는 성과보다 품격, 나 혼자보다 함께하는 가치를 크게 품습니다.

존 맥스웰은 "리더십은 지위를 지키는 것이 아니라, 함께 걷는 이들을 성장시키는 것이다."라고 했습니다. 저는 〈빅맘 위즈덤 스쿨〉 안에서 도반과 함께 배우며 자라납니다. 혼자가 아니라 파트너로, 경쟁이 아니라 협력으로 길을 내는 리더십을 꿈꿉니다. 오늘도 감사로 나를 세우고, 내일은 더 큰 울림으로 세상을 향해 나아갈 것입니다.

하루 끝 감사일기

품격을 완성하는 리더의 감사일기

1. 기상 후 산책하러 유등천을 걷습니다. 뜨는 태양의 빛이 뜨겁습니다. 얼굴에 선크림 듬뿍 바르고 모자도 착용했습니다. 다행히도 아침에는 그늘이 많습니다. 덕분에 태양을 피하면서 산책을 할 수 있었습니다. 자연이 만들어 낸 그늘 감사합니다.

2. 아이들 방과 후 참관수업이 있어서 학교에 방문했습니다. 첫째 딸아이는 꼭 오라고 하고, 둘째는 절대 오지 말라고 합니다. 방문을 원하는 딸아이 수업에 참여합니다. 적극적으로 참여하는 모습을 보여주고 싶었던 딸아이를 꼭 안아 줍니다. 이 순간 정말 원했던 순간입니다. 함께하는 시간을 가질 수 있어 감사합니다.

3. 챌린지에서 강의를 할 수 있는 기회가 주어졌습니다. 과거를 공유한다는 것이 어려웠는데 용기 낼 수 있게 코치님의 배려가 있었습니다. 덕분에 과거와 안녕할 수 있었습니다. 도반님들의 따뜻한 응원을 들으며 감사하고 행복했습니다. 멋진 〈빅맘 위즈덤 스쿨〉에 함께함에 정말 감

사합니다.

품격 있는 리더 확언 3문장

1. 오늘도 설렘으로 충만한 삶을 시작합니다.
2. 나는 끌어당김의 법칙을 잘 알고 실행하고 있습니다.
3. 다양한 경로를 통해 점점 더 많은 돈이 들어옵니다.

7장

인연에서 감사로, 균형을 이루다

고로고로 김장희

"혼자가 아니었다. 함께라서 더 따뜻한 삶."

| 1 |

인연이 가져온 감사의 균형

"인생은 만남들의 연속이다.
그 만남들이 우리를 형성하고, 성장시키며, 풍요롭게 만든다."

- 루이스 헤이

인연은 만들어 가는 것이 아니라 만나는 것이다. 순간이 아니라 시간을 통해 깊은 의미를 만들어 간다는 걸 안 지난 시간이었다. 1년 반의 세월 속에 느꼈다. 흘러간 시간에 감사하면서 삶의 변화를 통해 내면이 단단해져 가고 있다는 사실을 말이다. 직장 생활 20년 넘게 보내고 비혼주의로 반복적인 일상을 보내고 있다. 부동산 강의, 창업 강의, 재테크 분야를 돌아다니며 미래에 대한 불안감을 막연하게 가지고 있었다. 포모족(Fear of Missing Out)처럼 기회를 놓칠까 두려워 무리하게 투자하며 혼자 뒤처지면 어쩌지 불안해하던 시절이 있었다. 같이 공부하는 지인들이 부동산 임장 모임에 초대해 주면, 참가만으로도 안도감과 위안을 받기도 했다. 그런 평범한 날 나에게 의미 있는 하루가 생겼다.

부동산 지역을 조사하는 임장 모임에서 하루를 꼬박 함께 다녔던 분이 독서 모임을 하고 있다고 이야기했다. 관심 있으면 참가해 보라고 권하셨다. 자유로운 독서 모임은 시작한 지 얼마 되지 않았고 체계적인 독서 모임은 너무 부담스럽고 자신이 없었다. 더구나 자녀들이 있는 분들과 대화라니 생각해 본 적이 없다. 아마도 나와는 상황이 다른 분들이라고 생각했다. 하지만 하루 동안 얘기해 주신 경험치와 독서에 대한 열정에 '모집 공고라도 읽어 보자.'라는 마음에 SNS 주소를 물어보았다.

"블로그 주소가 어떻게 되세요?" 이 질문은 자기계발 세계에 제대로 노크한 계기가 되었다.

독서 모임의 첫 만남. 모두 처음 만나는 얼굴에 긴장감이 돌았다. 코치인 빅맘은 만만해 보이지 않는 인상, 똑 부러진 자기소개, 육아로 인해 보통 이상의 문제는 끄떡없어 보이는 내공이 전해졌다. 주눅이 드는 첫 수업이다. 게다가 해야 할 게 너무 많다. 책 읽고 짧게라도 기록을 남겨야 하고, 감사일기를 써야 한단다. 뭘 써본 거라곤 일기밖에 없었고 그것도 초등학교 때가 전부다. 감사일기는 또 뭔가, 직장 다니는 사람에게 매일 업무도 바쁜데 이것저것 수행하라는 과제가 많아 짜증이 살짝 밀려왔다. 그것도 잠시, 직장 다니고 육아하는 엄마들이 대부분이었던 회원들은 책을 읽고 깨달은 내용을 열심히 블로그에 포스팅도 했다. 열심히 과제까지 해내고 있는 모습을 보며 단 한마디도 불평할 수 없었다. '나는 왜 여기에 있지?

이 사람들은 왜 이렇게까지 하는 걸까. 애초에 내가 이길 수 없는 게임이구나.'라는 생각이 들면서 조용히 따라 하기 시작했다. 게임을 하려면 일단 즐겨야 한다. 어차피 3개월만 버티어 보자 생각했다.

매일 아침 세 줄의 감사. 독서와 함께 매일 감사일기를 썼다. 처음으로 단 세 줄의 일기 쓰던 날 무엇을 써야 할지 몰라 두리번거렸다. 너무 어색하기도 하고 내 이야기를 쓰려니 쑥스러웠다. 다른 도반들의 일기를 읽으며 참고했다. 처음에는 좋은 일이 생기면 좋은 일이고 아니면 아니지 무슨 감사할 일이 있다고 글로 쓰나 싶었는데 매일 코치의 피드백을 받으니 어느 사이 삶을 대하는 나의 태도에 변화가 일어났다. 변화하는 자신을 발견하기 시작했다. 무엇에 관심을 가지고 살고, 주변을 바라보는 시선이 느껴졌다. 무심코 지나치던 일상에서 조금씩 긍정적으로 변화되는 것을 느꼈다.

순간의 기쁨이나 감사를 즐기고 지나쳤던 과거에 비해, 어떠한 일이 감사했는지 짧지만 차분하게 생각해 볼 시간을 갖게 되었다. 나에게는 특별한 것도 없는 건조한 일상이라고 생각했는데 그런 게 아니었다. DIY로 저렴하게 노후화된 욕실 부품을 교체할 수 있어서 감사했다. 지인의 급작스러운 건강 소식이 슬프지만, 빠른 회복을 응원하는 기도를 했고, 무탈한 보통 하루에 감사함이 생겼다. 관심 있는 공연을 예매하고 운 좋게 성공한 것, 친구에게 좋아하는 작가의 책을 선물 받은 것 등등 소소하게 적어 갔다.

주변의 일상을 돌아보게 되었다. 어느 사이 감사가 일상 곳곳에 있다는 사실을 깨달았다. 작은 것들을 통해서 긍정으로 바뀌는 것을 경험하게 되었다.

'세상에 이렇게 감사한 것이 많았구나!' 하고 느꼈다. 하루를 복기하고 일상의 균형을 체크 표시하며 삶의 균형을 만들어 가기 시작했다. 일주일 감사일기를 보면서 직장 생활 내용으로 가득했다는 것을 알아차렸다. '회사에 너무 몰입되었구나! 자신에 대한 집중이 조금 부족했다.'라는 걸 느끼고 일상에 조화와 균형을 이루는 생활을 유도했다. 역시 적으니까 보이기 시작했다. 삶의 균형을 유지하면서 나를 돌보는 시간을 채워갔다.

감사일기를 적으면서 일상에 다양한 변화가 찾아왔다. 다양한 변화 중 바뀐 것은 직장에서 태도였다. 새로운 업무가 주어진 경우, 과거에는 비판적인 생각을 했지만, 새로운 일을 배울 기회라는 생각으로 부정적인 이미지를 버리고 긍정적인 면을 찾으려 노력하였다. 특히, 새로운 배움을 통해 나만의 과정을 만들 수 있다 적극적으로 생각하기 시작했다. 이 또한 나만의 스타일의 강력한 무기가 될 수 있다고 생각하니, 배움에 적극적이고, 회사 평가도 좋은 결과를 만들어 내었다. 매 순간 '어떻게든 되겠지.'라는 생각에서 '무엇을 행동으로 할 수 있을까?' 적극적인 생각으로 바뀌었다. 감사일기를 통해 긍정적인 마음을 갖는 것이 좋은 결과를 만들 수 있음을 깨닫게 되었다.

1년 반 이상의 시간 동안 나에게 집중하는 삶을 살고 있다. 지금도 주기적으로 감사와 일정 관리, 독서를 통해 긍정의 물을 뿌려주고 있다. 혼자라면 멈췄을지도 모른다. 함께라서 계속할 수 있었고 그 속에서 도반들의 성장을 보면서 자극도 받는다. 언제나 나에게 우선순위는 회사 일이었다. 업무에 얽매여 삶을 살고, 때로는 공허함도 느꼈다. 하지만, 이제는 회사와 나를 균형 있게 조율한다. 균형 갖지 못했던 시간을 생각하면 안타깝지만 치열하게 노력하고 살았던 경험에 감사하다. 어떤 때는 가족만큼 챙겨 주고, 멈칫하는 모습이 보이면 함께 가야 한다고 격려해 주는 코치와 도반들이 있어서 힘이 난다.

24년 직장 생활, 비혼주의로 걸어온 삶에서 투자 성과로 독립의 힘을 키우고 있다. 하지만, 사람은 함께 있을 때 더욱 가치가 있고 행복하다는 것을 지난 삶에서 알게 되었다. 오늘도 삶의 의미를 담아 감사한 도전을 생활화한다. 귀한 인연을 만나 행복하다.

| 2 |

균열을 알린 건강의 위기

"건강은 부보다 더 귀중하다."
- 마하트마 간디

매해 연말쯤에 회사에서 하는 건강검진을 다녀온다. 아직 젊으니까 특별한 문제는 없으리라 생각하지만, 막상 검진 날 아침에는 약간의 긴장감이 올라온다. 아침 일찍 시작해 오전 한나절이면 검진이 끝나고 느긋하게 점심으로 부드러운 죽을 먹고 출근하면 된다. 오후 근무만 하면 되니까 반일 휴가 같은 느낌이 든다. 검진 후 간호사분이 돌아가도 된다고 얘기하면 그 길로 가면 되는 일이었다. 그런데 왜 긴장을 하는 것인지 소파에 앉아서 잡지를 뒤적이며 기다리고 있었다. 그때 연차가 있는 간호사분이 내 이름을 불렀다.

"갑상선 결절이 보인다는 소견이니 상위 병원으로 세침 검사 일정 잡아 드릴게요. 가서 검사해 보세요. 날짜는 언제가 괜찮으세요?"

내가 기대했던 대답이 아니다. 그때부터 머릿속은 얼음땡 놀이하듯 얼음이 되어 멈췄다. 아무런 생각이 나지 않았고 무슨 말을 물어봐야 할지 모르겠어 일단 검사 날짜를 예약했다. '이게 무슨 일인가. 오진이 아닐까? 일단 세침 검사(얇은 바늘을 이용해 주변 세포를 채취해 현미경으로 관찰하는 진단검사)를 해보고 아닐 수도 있잖아.' 자신을 다독이며, 회사로 돌아가는 길부터 인터넷으로 유명하다는 병원과 명의를 찾기 시작했다. 네이버 카페에 가입해서 후기 글도 열심히 읽어 보고 인터넷 검색을 미친 듯 계속했다. 다른 대학병원과 여성 전문병원을 추가로 예약했다. 그사이 예약해 놓은 검사 결과가 나왔다. 갑상선암이 맞으니 수술해야 한다는 것이었다. 결과지를 받아 들고서도 믿기지 않았다.

결과지 영상을 추가로 챙겨 나머지 병원들을 찾았다. 예약 후 한참 동안 기다려서 간 우리나라 최고 대학병원에는 명성만큼이나 환자들이 넘쳐났다. 진료실 몇 개를 통합한 넓은 곳에 그 안에 이미 다른 대기 환자들도 여러 명 사전 진료를 진행하고 있었다. 담당 교수님이 촉진하더니 수술이 필요하다고 한다. 진료 후 수술 날짜를 잡으려 하니 최소 6개월 이상을 기다려야 수술받을 수 있다고 한다. 아직 마음의 준비도 안 되었지만, 심지어 그렇게 많이 기다려야 한다니 한숨이 나왔다.

'아닐 거야. 내가 왜? 다른 곳을 더 알아봐야겠어.'

여성 전문병원을 찾았다. 결과지 영상을 제출하고 담당 교수님과 면담하며 이것저것 물어보았다. 오진의 가능성이 있지 않겠느냐고 하는 내 물음에 여러 군데 다녀보셔도 결과는 같을 거라며 환자분이 정한 곳에서 수술하면 된다고 차분히 얘기해 주셨다. 얘기를 듣고 나니 다른 병원을 가도 똑같겠구나. 묘한 안도감이 들면서 다른 병원을 더는 찾지 않았다.

부모님에게 알렸다. 부모님도 너무 기다리는 것도 좋지 않고, 수술 후에도 정기검진이 필요할 테니 접근성이 편한 병원을 고려하는 게 좋겠다 조언해 주셨다. 병원을 결정하고 예약되어 있던 다른 병원의 수술 일정들을 취소했다. 병원과 수술 방법, 날짜가 정해지니 그에 역산하여 사전 검사 일정이 나오고 일사천리로 착착 진행되었다.

상대적으로 착한 암이라고 얘기한다. 다른 암에 비해서는 괜찮은 편이라는 말을 들었다. '착한 암' 그 말이 위로된다. 하지만 실체를 겪어보면 고개를 좌우로 흔들게 된다. 순환이 제대로 되지 않음이 얼마나 괴로운 일인지 면역 저하로 잔병치레하고 피곤함을 달고 살았다. 외적 모습에는 평소와 다를 바 없었다. 남들 눈에는 아프다는 것을 인지하지 못했고 나만 힘들고 불편한 병이었다. 가끔 당신들이 직접 겪어보시라는 말을 해 주고 싶지만 다른 암보다는 더 낫다는 말을 떠올리면 이 정도라서 정말 감사하다 다독인다. 갑상선 일부 제거하면서 성대를 건드리니 노래를 부를 때 고음이 올라가지 않는 점, 쉽게 피곤해지는 것, 피곤하면 쉿소리가 나는 점, 매일 호르몬제를 먹어야 하는 점, 순환이 원활하지 않아 몸이 붓는 것, 감기에 잘 걸리는 것, 땀이 잘 나지 않아 항상 찌뿌듯한 것, 기분이 오르락내리락하는 등등 어찌 보면 **아주 보통의 하루가 얼마나 감사한 일상이었는지 생각해 본다.**

일상생활에서 손톱에 박힌 가시처럼 걸리적거리며 불편하다. 삶의 질을 이렇게까지 저하시킬 수 있는지 매번 놀라고 당황스럽다. 내 몸의 순환을 이루어 내는 호르몬이 중요한 역할을 하는지 알게 되는 계기였다. 간혹 수술 직후가 생각난다. 의료진이 큰 소리로 "수술 끝나셨습니다. 환자분 깨어나세요, 정신 차리시고 심호흡 크게 하셔야 합니다! 크게 숨 쉬세요!" 마취에서 깨났을 때 눈앞은 뱅글뱅글 어지럽고 정신없었다. 그런데 순간 잘 나오지도 않는 소리로 "감사합니다. 감사합니다. 수술 잘해주셔서 감사합니다." 연거푸 외쳤던 기억이 떠오른다. 그때를 떠올리는 날이면, 피식 웃음이 난다.

30대 중반 나이에 처음 올라간 수술대가 얼마나 무서웠는지 모른다. 차가운 수술대에서 느끼는 기분은 슬펐다. 서서히 풀려가는 마취와 진통제의 몽롱함 속에서 아프다는 소리 한 번 지른 것도 아니고, 수술 전에 생각해 둔 말도 아니었지만, 수술이 끝나고 나도 모르는 간절함이 튀어나온 순간 '감사합니다.'라고 이야기했다. 건강도 괜찮고 젊은 편이니, 회복이 빠를 것으로 생각했다. 일주일 정도 휴가를 낸 후에 바로 직장에 복귀했다. 당시에는 괜찮다고 생각했지만 돌이켜보니 한동안 기분이 얼얼한 상태로 생활했던 것 같다. 수술 부위도 회복되고 체력이 서서히 올라오고 있었다. 약도, 복용하고 감정 기복이 있었지만, 업무와 일상에 복귀하고 잘 적응해 갔다.

심한 생리통을 달고 살았다. 자궁근종 때문에 생긴 생리통은 증상이 심해서 약을 처방받으며 먹을 정도였다. 대학생 때는 괜찮더니 직장 생활하고 약 없는 기간을 버티기란 힘든 상황이었다. 점점 자라는 자궁근종을 더는 볼 수 없다 하여 수술을 제안받았다. 몇 년간 추적하더니 이번 기회에 깨끗하게 근종을 제거하는 게 좋겠다며 다니던 여성 병원에서 담당 교수가 수술을 권했다.

갑상선 수술을 한 지 딱 1년 만이었다. 내가 무슨 죄를 지어서 연달아 수술대에 올라야 하나 하는 생각에 한동안 침울했다. 기분이 좋지는 않았다. 이번 기회에 수술하고 나면 진짜 내 몸이 깨끗해지는 거야. 긍정적으로 생각하자. 얼른 수술하고 개운해지고 싶다는 생각이 들었다.

수술실 경험이 있어서 그런지 처음 같은 무서움은 없었다. 갑상선이 아닌 다른 기관을 수술하는 것이기에 약간 두려움은 있었다. 수술 후 무통 주사도 추가했으니 큰 걱정은 하지 않았다. 담당 교수님이 수술 직전에도 따뜻하게 잘 말씀해 주니 심적으로도 평안함을 유지할 수 있었다.

수술은 잘 되었다고 했지만, 무통 주사 부작용으로 구토와 심한 통증과 몸이 부어올라서 고생했다. 두 번의 수술로 삶의 균열을 느꼈다. 지금까지 열심히 살았다고 생각했는데 어쩌면 이 모든 것이 의미 없는 성과 앞에서 무너질 수 있다는 공허감을 느끼기도 했다. 두 번의 수술은 단순한 치료가 아니라, '내가 멈춰야 할 때를 알려준 신호'였다는 것을 느꼈다. 아프지 않은 하루, 숨 쉬는 것, 걸을 수 있는 일상의 기본이 얼마나 감사한지 깨달았다.

매일 감사일기를 도반들과 나누면서, 건강을 지키는 것이 곧 삶을 사랑하는 방식이라는 것을 알아차렸다. 감사가 생활 습관으로 자리 잡기까지 〈빅맘 위즈덤 스쿨〉 도반들과 함께 건강함과 감사함을 나누며 성장하고 있다. 이곳에서 나의 또 다른 감사의 의미를 담아 회복과 단단함을 배우고 있다.

| 3 |

감사일기는 삶에 새로운 의미를 부여해 준다

"이 또한 지나가리라."

- 솔로몬

30대 중반에 두 번의 수술을 겪었지만 젊은 나이라 비교적 회복이 빨랐다. 다시 일상으로 돌아갔다. 예전과 다름없이 왕성하게 활동했다. 회사에서도 쉼 없이 야근과 출장을 다녔다. 몸은 힘들었지만, 점차 늘어가는 실적에 보람이 있었고 즐거웠다. 가끔 친한 동료가 건강에 대한 걱정을 했다. 체력이 좋다고 괜찮다 생각했다.

업무적으로도 맡은 일도 커가는 시기였고 보람도 느꼈다. 관계사가 새로운 법인을 설립하면서 책임감 있는 제안을 했다. 성장하는 기회라 생각해 도전했다. 일에서 보람을 느끼고 재미가 있었다. 다만, 개인의 일상이 없어졌다. 업무가 늘어났다. 야근과 새벽 출근이 밥 먹듯 계속되었다. 파견된 회사는 적은 인원으로 운영되었기 때문에 온종일 업무 생각에 사로잡혔다. 스트레스가 머리끝까지 차 있었고, 잦은 출장과 회식, 만성 두통과 소화불

량, 수면 부족으로 건강하지 못한 생활이 이어지고 있었다. 이미 큰 쳇바퀴 안에서 옴짝달싹할 수 없이 계속 벗어나지는 못하고 다리를 구르는 형국이었다. 이 상황을 도무지 멈출 수가 없었다.

갑상선 암 수술 후에는 정기적으로 1년에 한두 번씩 검진받는다. 피검사하고 호르몬 약을 처방받는다. 외래 진료 날이다. 담당 교수님이 평상시와 다름없이 검사 결과를 열심히 살펴보더니

"호르몬 수치 중에 너무 튀는 게 있네요. 일주일 입원하고 검사하셔야 합니다. 날짜 잡고 가세요."

무슨 이상이길래 일주일씩이나 입원하면서 검사하자는 건가. 다친 데도 없는데. 외근과 출장이 많고 업무로 힘들고 피곤한 것이겠지 생각했다. 이 정도는 다른 직장인들도 다 겪는 거 아닌가. 연휴 때 입원하고 이참에 푹 쉬다가 나가야겠다. 어디가 안 좋으면 약이 추가되겠지, 생각했다. 약간 떨떠름함과 덤덤함이 섞인 기분으로 입원을 준비했다. 특별히 어려운 검사도 아니었고 시간에 맞추어 식사, 피검사, 소변검사 등을 했다. 입원 기간에 밀린 잠도 잤다. 검사 결과를 들으러 갔더니 스트레스 호르몬의 이상 과다 분비라고 담당 교수님이 이야기하셨다. 여러 가지 원인이 있고 이것저것 설명하지만, 귀에 잘 들어오지 않는다. 호르몬 용어도 생소하고 당황스러운 결과에 기운 빠진다.

"아… 그래요? 그럼, 약 먹으면 되죠? 약 처방해 주세요."

"약이 없습니다. 부신을 제거해야 합니다. 수술밖에 치료 방법이 없습니다."

담당 교수의 대답에 말문이 턱 막혔다. 내가 지금 꿈을 꾸는 것인가? 지금 21세기이고 현대의학이 이렇게 발달해 있는데 약이 없다니 말이 되나. 무슨 드라마 같은 얘기인가 싶었다. 신체 부위를 이렇게 가볍게 제거하라고 이야기하는 것이 믿기지 않았다. 수술하기 싫다고 얘기했다. 담당 교수는 아직 그 병에 대한 약이 개발되지 않았고, 수술하지 않으면 과도한 이상 호르몬 분비로 인해 심한 외형 변화는 물론이고 젊은 나이에 심각한 골다공증, 면역 저하 기타 등등의 증상으로 위험하다며 나를 설득했다.

그 무렵 한참 피부에 원인 모를 이상 증상이 생기고 있었다. 일부 피부색이 변하고 가려움증이 생기는 등 몸에 자잘하게 변화가 찾아오고 있을 때였다. 부종이 심했고 멍이 쉽게 들고 피부에 이상 변화가 생겨도 피곤해서 생긴 것으로 생각했고 체력이 많이 떨어졌다는 것을 느끼고 있었다. 치료약이 없다는 말 한마디는 강력했고, 속수무책이었다. 결국, 수술 날짜를 잡고 병원을 나섰다.

8년 만에 수술대를 다시 오르게 되었다. '인생이 이상하게 꼬이는 구나!' 싶었다. 열심히 살았는데 '왜'라는 물음표가 떠나질 않았다. 일을 좀 줄였으면 괜찮았을까 아니 그만두고 쉬어야 했을까 내 인생은 왜 이런가. 왜 세 번이나 몸에 칼을 대야 하는 건가. 뭐가 문제인가라는 생각이 꼬리를 물었고 우울한 기분에 바닥으로 내동댕이쳐지는 것 같았다. 너무 슬플 때는 눈물조차 나오지 않는다는 것을 알았다.

코로나 시기라 입원 절차도 까다로웠다. 수술 전 이런저런 검사로 여러 번 병원을 방문했다. 처음도 아니지만, 수술 전에 긴장되었다. 오랜만에 다시 마주한 수술방에서 나는 지금 무엇을 위해 이렇게 달려왔는지 자문했다. 다행히 깨어난 후, 수술은 잘되었다고 했다. 수술 후 순환이 안 되어, 심했던 부종이 점차 가라앉게 되고 피부의 이상 질환도 사라지게 되었다. 다행이라고 생각했다. 점차 회복되는 건강을 느끼며 감사했다. 그 무렵 5년간의 파견 근무를 마치고 무사히 회사에 복귀했다. 새로운 업무에 적응하느라 하루하루가 바빴다. 갑작스러운 수술과 복귀 후 새로운 업무로 인해 긴장된 상태와 널뛰는 감정 속에서 괜찮다며 속으로 나를 다독이고 있었다. 그리고, 그해 가을 빅맘이 운영하는 독서 모임 〈빅맘의 북테라피〉를 만났다.

바쁘지만 중요한 것 먼저 해야 한다는 것을 생각했는데 우연히 만난 빅맘 이야기가 나를 생각해 볼 수 있는 깨달음을 주었다. 어쩌면 바쁘다는 이유로 급하지 않지만 중요한 것을 인생에서 놓치고 살았나 싶었고 이번에 적용해야 한다는 사실을 인지했다. 나를 위한 투자와 성장의 시간이 필요했다. 감사일기와 독서를 시작했다. 매일 세 줄 감사한 일을 썼다. 그리고 책에서 본 내용으로 읽고 쓰고 적용해 나가기 시작했다.

하루 동안 겪은 크고 작은 일을 글로 써 내려갔다. 매번 좋은 일이 나에게 많이 있다는 생각되었다. 푹 잠을 잘 수 있고 좋은 컨디션으로 하루를 시작할 수 있어서 즐거웠다. 가족의 건강과 함께 책 읽는 도반들과 성장할 수 있어서 좋았다. 걱정했던 부동산 일이 잘 해결되니 감사했다. 오랜만의 친구 안부 전화도 반갑다. 쓰고 보니 감사한 일들이 항상 곁에 있었다. 같은 공간에서 활동하는 도반들의 일기도 함께 접하면서 간접적으로 체험하고 공감할 수 있다. 단 세 줄의 문장으로 긍정적인 마음이 조금씩 생기게 되었다. 스트레스가 일상이던 나의 삶에 감사가 스며들기 시작했다. 감사하는 세 문장으로 하루를 시작하고 저녁에 독서했다. 자기 계발서와 인문 서적을 읽으며 본깨적을 시작했다. 독서라면 가끔 인기 도서를 읽는 정도였다. 〈빅맘의 북테라피〉 필독서를 통해 다양한 책을 접하게 되었고 서툴지만 몇 줄씩 적었다. 수업에 참석하기 위해서 읽은 책이었지만 행복에 대해 나의 미래에 대해 다시 생각해 보게 됐다. 돈 생각도, 다시 해보았다. 인상적이었던 존 고든『에너지 버스』는 부정적 시선이 가득했던 나에게 신선하게 다가왔고 긍정 에너지와 적극성을 가지려 노력하게 되었다. 이후 주변의 에너지 뱀파이어에 대해 의식적으로 멀리했다.

요즘은 나를 위한 시간으로 퇴근 후의 시간을 채워가고 있다. 〈빅맘의 북테라피〉를 만나기 전 나의 삶은 퇴근 후 늦은 저녁이나 회식하고 돌아와 유튜브 보고 스트레스를 해소했다. 불규칙한 퇴근 시간으로 운동도 꾸준히 하기가 어려웠다. 하지만 지금은 나에게 집중하는 시간을 갖게 되니 퇴근 후에는 책을 읽고 본깨적 하는 나에게 집중할 수 있는 시간을 만들었다. 퇴근 후 회사의 스트레스를 연장시키지 않았다. 책에서 얻은 아이디어는 다시 업무에 도움을 주었고, 회사 일에 대한 스트레스를 현저히 떨어뜨렸다.

나를 발견하고 나를 찾아가는 여행 중이다. 일상에서 하나씩 나를 먼저 챙기고 건강을 선택했다. 나날이 좋은 꿈을 꾸고 실행하고 있다. 작가가 되려는 생각도 없었지만, 이렇게 글을 남겨 본다. 혼자가 아니었다. 함께라서 더 따뜻한 삶을 배우고 있다. 나의 경험에 의미를 담아 찐 친구들과 가족처럼 지내고 있다.

| 4 |

네 번의 수술, 선택한 가족이 준 희망

"세상에서 가장 지혜로운 사람은 배우는 사람이고
세상에서 가장 행복한 사람은 감사하는 사람이다."

- 탈무드

    이번 수술에서 눈을 뜰 수 없을지도 모른다고 생각했다. 이른 아침 수술실 앞에 나를 중심으로 환자들의 베드들이 줄줄이 들어왔다. 마취과 교수로 보이는 수술복 입은 의사가 안내 사항을 일러준다. 이제껏 겪어왔던 분위기와는 조금 다르다. 이력이 많아서 그럴까. 수술을 진행하다가 잘못되면 위급한 상황이 올 수 있다는 주의 사항을 줄줄 읽어준다. 긴 전달 사항을 한참 듣고 나니 최악에는 눈도 못 떠보고 세상과 이별할 수 있겠다는 생각이 덜컥 들었다. 하늘에 맡기는 수밖에 없다. 갑작스러운 상황이 닥치면 부모님과 동생에게는 미안하지만, 직장이나 투자든 뭐든 벌려놓은 것들을 잘 정리해 주시겠지 생각했다. 당장 할 수 있는 게 아무것도 없으니 덤덤했다. 8월 한여름. 유독 이날은 매우 춥고 몸이 덜덜 떨렸다. "마취 시작합니다."라는 소리와 함께 의식이 사라졌다.

지난번 수술 후 담당 교수님이 자궁 쪽에도 진료가 필요하다며 부인과를 연결해 주었고 정기적인 검진을 받고 있었다. 2년여 관찰하고 치료했지만, 별다른 효과가 없고 모양이 좋지 않다며 수술을 권했다. "수술을 생각해 보는 게 좋겠어요. 출산하셨다면 자궁을 들어내는 것도 제안해 드리고 싶지만, 아무튼 이대로 두면 안 됩니다. 수술을 생각해 보세요." 순간 울컥했다. 수술이 장난도 아닌데 덤덤히 이야기를 들어야 하다니 서글픔이 올라온다. 약으로 치료해 보자고 애원 반, 짜증 반 섞인 말투로 매달렸다. 이 상태라면 암으로 발전할 수 있다며 담당 교수는 단호하게 말하고 수술 집도 교수와 상담을 잡아주었다. 무슨 정신으로 병원을 나왔는지 모른다.

아프다 어디가 안 좋다 이야기하는 것도 힘들다. 검사에 검사를 하는 것도 지겹다. 다른 방법이 없으니 답답하다. 2년 반 만에 또 수술대에 오르게 되었다. 직장도 과도한 업무에서 내근직 업무로 전환했다. 다행히 새로운 업무도 안정을 찾아가고 있었다. 자산 투자 등 자기계발 세계에서 이리저리 부딪치며 나에게 집중하는 과정을 보내고 있었다. 그런데 또 수술이라니 마음이 좋지 않았다. 순조로운 일상을 보내던 중 돌부리가 툭 튀어나온 것 같았다. 부모님께는 다 큰딸이 계속 이래저래 수술한다며 얘기하기도 죄송스러워서 덤덤하게 말씀드렸다. 이런 상황을 또 맞이한 상황에서 감사가 쉽게 나오지 않았다. 감사일기를 쓰고 있었지만, 한동안 '그렇지 않다고요!'라는 마음의 소리와 충돌했다.

여러 번의 경험이 있다고 해도 수술 날짜를 받아놓으니 싱숭생숭했다. 하루 이틀 시간이 지나면서 마음이 누그러지는 것 같았다. 할 수 있는 일이라곤 감사한 점을 열심히 찾는 것이었다. 의료 파업 중이라 병원 가기 힘든 상황임에도 다행히 수술할 수 있다. 여름휴가 기간을 이용해 입원과 수술 예약할 수 있으니 좋은 점이다. 업무도 회사 양해를 받아 2주간의 재택근무를 신청할 수 있어서 다행이네. 더 큰 증상으로 번지기 전에 미리 알아내고 손 쓸 수 있는 게 어디야. 감사하다. 수술 집도 교수님의 후기가 괜찮아서 그것도 정말 고마운 일이다. 무조건 잘 되고 건강해지고 좋은 일만 생길 것이라고 계속 반복적으로 생각했다. 가족은 물론이고 코치님과 도반들 또 친구들과 동료 등 주위로부터 응원의 인사를 받았다. 몸은 힘들었지만, 응원을 받으니 내가 복이 많은 사람임을 실감할 수 있었다. '이곳이 없었다면 과연 나는 버틸 수 있었을까?' 지금, 순간을 감사로 꾸역꾸역 보내고 있었다.

인생 고점을 향해 아등바등 올라서려 하면 그때마다 건강 때문에 멈칫하는 경험을 했다. 딱히 말하지 않아도 회사 전력에서 제외되었다는 느낌을 강하게 받아 서운한 적도 있었다. 할 수 있지만 스스로 안 하는 것과 내 의지와 상관없이 못 하는 것은 완전히 다르다고 체감했다. 회복 중에도 건강상의 이유로 내 의지와 상관없이 일할 수 없는 상황이 올 수도 있겠다고 생각했다. 그나마 있던 얇은 자신감조차 조금씩 사라진다. 네 번의 수술을 겪으며 자칫하면 인생에 대한 의욕이 꺾일 수도 있었다는 생각을 처음 했다. 독서 모임 활동을 유지하면서 감사한 일을 찾고 교류하며 버티고 있었다. 회복 속도가 예전과는 달라 일상의 컨디션으로 올라오기까지 거의 1년이 걸렸다. 조금씩 체력과 마음이 〈빅맘의 북테라피〉와 함께 튼튼해지고 있다.

너무 더워 새벽에 일어난 김에 운동복을 대충 차려입고 밖으로 나갔다. 산책길에 새벽 시간인데도, 청년, 중장년들로 아침부터 운동하는 사람들이 제법 된다. 더위를 피해 아침 일찍 걷는 사람, 뛰는 사람, 몸이 불편해도 천천히 걷는 사람, 저마다의 속도로 걷고 있었다. 이렇게 많은 사람들이 있는데 왜 나는 걸어볼 생각을 못 했을까 생각이 스쳤지만, 지금이라도 알게 되어서 다행이다.

오디오북 차분한 음성을 들으며 아침 가벼운 걷기하고 인증 사진을 찍는다. 스마트워치로 얼마나 걸었는지 운동 칼로리는 얼마인지 평균 심박수는 어땠는지 운동 정보를 확인하고 사진으로 남긴다. 첫째 날, 둘째 날, 셋째 날 하루하루 지나니 몸이 저절로 움직이고 있다. 얼굴은 부스스하지만, 운동복으로 갈아입고 모자 쓰고 UV 차단 마스크 끼고 양말 신고 스마트워치 시작 버튼을 누르니 굼떴던 동작이 조금씩 빨라진다. 숫자로 측정하고 기록되니 의욕이 생긴다. 몇 년간 착용하고 있는 스마트워치의 운동 기능을 이제 서야 제대로 사용해 보고 있다.

2년 전 우연한 만남으로 시작되어 자기 계발 세계에 발을 들여놓게 되었다. 대단한 의지와 각오가 있어서 시작한 것도 아니다. 시간이 지나면서 감사와 독서가 익숙해지고 습관이 되었다. 나를 단단하게 만들었고 우울한 상황에 잠식되지 않도록 나를 꺼내주었다. 책 읽기, 글쓰기, 운동으로 하루의 루틴을 실행하면서 나만의 시간을 충실하게 만들어 가고 있다. 나 혼자 있는 시간을 즐기게 되었고 같은 온라인 공간에서 도반들과 함께하는 것도 즐겁다는 것을 알게 되었다.

〈빅맘의 북테라피〉 도반들은 일반적인 가족도 아니고 학교 동기와 직장 동료도 아니지만, 각자의 미래와 취미를 공유하며 서로 응원할 수 있는 관계 속에 있다. 밝은 에너지와 긍정의 마인드를 공유하고 응원하니, 치유 받는 느낌이다. 네 번의 수술은 건강의 소중함을 절실히 깨닫게 해 주었다. 비혼으로 독립적인 삶을 살아가고 있다. 자칫 깊은 외로움이 다가올 수 있었지만, 〈빅맘의 북테라피〉에서 만난 도반들은 나에게 있어서 또 다른 선택된 가족이 되었다. 감사일기는 몸의 회복뿐 아니라 마음의 치유까지 이끌어 주고 있다. 독서를 통한 삶의 의미를 불어 넣고 있다. 이제는 혼자가 아닌 공동체 안에서 살아가는 즐거움을 품는다. 건강한 먹거리와 시간의 효율성도 배우고 있다. 시간 관리를 통해서 나다움이 무엇인지 익히고 있다.

의학의 아버지인 히포크라테스는 "건강은 단순히 병이 없는 상태가 아니라, 자신을 존중하고 사랑하는 힘에서 비롯된다."라고 했다. 네 번의 수술을 겪고 회복하는 과정에서 **바른 먹거리와 꾸준한 운동의 중요성 그리고 자존감의 회복이 얼마나 중요한지 깨달았다.** 혼자 걷는 길은 빨리 가지만,

함께 가면 멀리 간다는 아프리카 속담처럼 공동체 안에서 더불어 살아갈 때 성장과 회복의 힘이 배가 된다는 것을 알게 되었다. 감사는 고독이 아닌 선물의 자리로 이끌어 주었고, 도반들은 병약이 아닌 회복의 길로 함께 걸어가게 해 주었다. 아름다운 동행을 할 수 있는 〈빅맘의 북테라피〉 인연이 귀한 시간이 되고 있다.

하루 끝 감사일기

오늘도 자신 있게 활력 있는 감사일기

1. 아침에 눈 뜨고 걸으러 나갈 수 있는 여유 시간이 있어 감사합니다. 어젯밤에 일찍 잠을 청한 덕에 오늘 여유가 있습니다. 오늘 하루의 아침은 전날 밤에 시작됨을 알 수 있어 감사합니다.

2. 환절기라 면역이 저하되어 자잘한 증상들이 나타났습니다. 병원을 찾아 손쉽게 원인과 대응책을 알고, 내 몸에 맞는 생활 습관을 찾아갈 수 있어 감사합니다. 함께하니 생활 습관을 생각하고 도전하고 있습니다. 건강하게 자신 있게 하루를 시작하니 감사합니다.

3. 주변 지인들에게도 운동 인증하니 각자 운동하고 인증 사진 보내옵니다. 작지만 좋은 영향을 주게 되어 감사합니다.

삶을 바꾸는 하루 첫 생각

고로고로 확언 3문장

1. 매일 하는 것이 나를 만든다.
2. 나는 운이 좋은 사람이다.
3. 내게는 원하는 모든 것을 실현할 힘이 있다.

8장

빚에서 감사로,
성취와 사랑을 이루다

온새미로 박혜란

"감사일기를 쓰며 내면 근력이 단단해지고 마음의 여유가 생겼습니다."

| 1 |

자존감과 감사로 세운 1천6백만 원의 기적

"작은 것에 감사할 줄 아는 마음이 삶을 풍요롭게 만든다."

- 메이슨 쿨리

2021년 8월 그해 여름은 유난히도 더웠습니다. 매미가 시끄럽게 울고 도서관으로 연결되는 언덕길은 40도 경사로였습니다. 등 뒤에서는 땀이 흐르고, 머리 위로 내리는 태양 빛은 아이들도, 저도 짜증 섞인 목소리로 시원한 음료를 생각하며 도서관에 도착했습니다. 숨이 턱에 차오를 때쯤, 도서관에 도착했습니다. 시원한 에어컨, 카페의 음료는 기분 좋은 생각을 만들어 주었습니다. 아이들은 놀이터에서 놀겠다고 했습니다. 굳이 가까운 놀이터를 두고 이곳까지 온 이유는 아이들이 도서관에서 책하고 친해지면 좋겠다는 바람이었습니다.

카페에 들어서니 시원한 공기가 등줄기에 맺힌 땀을 식혀주었습니다. 아이스커피를 주문하고 테이블을 정해 앉았습니다. 5분 정도 지났을 때쯤 딸이 달려옵니다. "그럼 그렇지, 뙤약볕에 놀기 힘들지? 얼른 와 시원한 음료

마시자."라고 하는데 아이의 얼굴은 하얗게 질려 있었습니다.

"엄마, 오빠가 철봉에서 떨어졌어요."

놀이터로 향하며 머리는 하얘지고 가슴이 두근거렸습니다. 당황해서 눈물이 쏟아졌습니다. 도서관 안에 있는 놀이터는 가까웠지만 천 리 길처럼 느껴졌습니다. 사람들이 아들을 둘러싸고 있었습니다. 아이를 본 순간, 눈을 감은 채 누워있습니다. 팔꿈치가 뒤틀려 있었고 어른 주먹보다 큰 혹처럼 부풀어 있었습니다. 무엇을 해야 할지 손은 떨리고 눈물은 흐르고 어떻게 해야 할지 가슴만 쿵쾅거렸습니다. 저의 울음소리를 듣고 아들이 눈을 떴습니다. 경황이 없는 상황에서 사람들의 도움으로 구급차를 타고 병원에 갔습니다.

엑스레이를 통해 아이는 단순 골절이 아니라 분쇄 골절인 것을 알았습니다. 전신 마취하고 철심 박고 깁스해야 한다고 했습니다. 다친 아이 앞에서 한없이 울며 의사를 기다리고 있을 때 순간, 머리는 다치지 않아 다행이라는 생각이 들었습니다. '다른 곳은 다치지 않아 감사합니다.'라고 수없이 말했습니다. 아이가 수술실에 들어가는데, 떨렸습니다. 한편으로는 저만하길 정말 다행이라는 안도감도 잠시, 계속 불안한 마음으로 기도를 드렸습니다. 수술 후 다음 날 퇴원했습니다. 마음은 아팠지만, 머리 다치지 않고 이 정도라 다행이라는 생각에 감사 기도를 드렸습니다. 모든 것이 감사한 시간이었습니다. 그렇게 처음 삶에서 감사를 만났습니다.

  시간이 흐르고 삶에 지칠 때쯤, 우연히 빅맘이 진행하는 소규모 모임에 들어가게 되었습니다. 빅맘이 궁금했고, 경험담 녹화본을 살펴보았습니다. 이분이 운영하는 〈빅맘의 북테라피〉에 가입했습니다. 단순 독서 모임이라고 들어왔는데 다른 흐름이 느껴졌습니다. 책 속에서 한 문장을 찾고 본깨적(본 것, 깨달은 것, 적용할 것)을 하고, 감사일기를 쓰는 것이라고 했습니다. '감사일기가 무엇이지? 어떻게 쓰는 것일까?' 마음속에서는 내가 있을 곳에 들어온 것이 맞을지 생각했습니다. 오감을 활용하여 일기 쓰는 예시를 들어주었지만 와닿지 않았습니다.

  다음 날 오픈 단톡방에 도반들의 감사일기가 올라왔습니다. 도반들의 생활 속 감사를 읽으며 '하루를 살아가면서 감사할 게 많구나.'라고 생각했습니다. 저의 일상을 되돌아봤습니다. 당연하다고 생각되었던 일들이 감사를 통해 다르게 느껴졌습니다. 감사라는 단어는 신비한 마법 지팡이처럼 저의 일상을 변화시키는 힘을 가지고 있었습니다.

  감사일기를 통해 삶에 변화를 가져왔습니다.
  첫째, 당연하다고 생각되었던 일상에 다양한 시선이 존재했습니다. 출근길, 가로수 길의 짙은 초록의 싱그러운 모습들, 시원한 바람이 볼을 스치며 전해지는 부드러움, 새들이 지저귀는 소리가 마치 노래처럼 들렸습니다.

숨을 크게 들이쉬며 천천히 내뱉습니다. 일상의 감사가 이렇게 많다는 것을 예전에는 느끼지 못하고 살았습니다. 감사는 오늘을 충실히 살고 미래에 대해 설렘을 가지게 만듭니다. 점점 무의식 언어가 변화되었습니다. 매일 아끼고 절약해야 잘 산다는 생각으로 삶을 통제하면서 살았습니다. 감사일기를 작성하면서, 난 풍요롭고 행복해라는 마음으로 하루를 시작했습니다. 그리고 점차 삶에 숨구멍이 만들어지듯 틈이 생겼습니다. 그 틈으로 한 줄기 빛이 들어왔습니다.

둘째, 무의식적으로 쓰던 언어의 변화로 일상의 언어가 부드러워지고, 말에 힘이 생겼습니다. 글씨체도 달라졌습니다. 자신을 사랑하고 존중하니 주변에서 언어에서부터 얼굴, 몸짓 글씨까지 빛난다고 표현해 주셨습니다. 주변에서 요즘 좋은 일 있냐는 말을 많이 듣기 시작했습니다. 내면이 변하니 외모에 대한 칭찬을 듣기 시작했습니다.

셋째, 풍요로운 마음으로 하루를 보내면서 신기하게 하는 일마다 잘됩니다. 좋은 에너지는 다른 좋은 기운을 불러온다는 것을 느끼기 시작했습니다. 특히 가족이 변하고 밝아졌습니다. 엄마의 1% 성장은 가정의 99%를 변화하는 힘이 있다는 것을 알게 되었습니다. 남편과 자녀들이 삶을 대하는 태도가 변화되었습니다. 무조건 아끼는 것이 아니라 삶에 대한 태도가 변화되고 스스로 절제를 하는 모습을 보여주었습니다.

적금에 복리 이자가 있고, 주식에도 복리의 힘이 작용하듯 매일 쓰는 감사일기에도 복리가 쌓여가는 것을 체험합니다. 삶에 빚이 있었습니다. 감당할 수 없었던 빚에 늘 한숨을 내뱉고는 했습니다. 감사일기를 쓰면서 절약하던 마음가짐에서 절제하는 마음가짐으로 변화되었습니다. 한숨이 사라졌습니다. 6개월 동안 절제하면서 빚을 갚았고 통장에 1천6백만 원이 모이는 기쁨을 만들었습니다. 빚은 빛으로 저의 일상을 만들어 주었습니다. 어떻게 절약할 때보다 절제하는 마음이 더 큰 풍요를 가져다줄 수 있는지 깨닫게 되어 감사했습니다. 돈 때문에 서로에게 상처 주었던 부부 싸움은 더는 하지 않습니다. 서로를 위하고 절제하며 지금 이 순간을 사랑합니다. 풍요로움이 따릅니다. 감사일기를 통해 무언가 해 주길 바라는 마음보다 먼저 해 주는 마음이 생겼습니다. 아이들의 건강한 모습 자체에 감사하며 아침 출근길 현관 앞에 운동화를 정리하고 출근하게 되었습니다. 가치 있는 삶을 살아가고 있는 요즘입니다.

남편은 저보다 일찍 출근하는데 어느 날 아침 신발들이 가지런히 정리되어 있었습니다. 그날 이후, 매일 정리하고 출근합니다. 감사 복리로 인해 남편이 변하고 싸우는 일보다 함께 웃는 시간이 많아졌습니다. 부정의 언어보다 긍정의 언어가 늘어가면서 가정의 좋은 언어가 넘칩니다. 짜증 섞인 말투가 나왔더라도 금방 알아차리고 사과합니다. 상대방의 이야기에 무조건 비판보다 그럴 수 있다 생각하게 되는 여유까지 생겼습니다.

일상의 주어진 모든 것들이 그냥 오는 것이 아닙니다. 들꽃 한 송이, 눈부신 햇살과 바람까지 의미가 있고 가치가 있습니다. 매일 감사하는 습관을 통해 세상을 바라보는 시선이 달라졌습니다. 자신을 귀한 존재라 생각하게 되었습니다. 자신을 소중히 대하니 저에게 부정적 언어가 담긴 에너지가 사라졌습니다. 감사일기로 무의식 언어가 바뀌고 온화한 미소, 마음의 여유, 긍정 에너지, 희망이라는 단어들이 제 곁에 함께합니다. 감사일기로 아침을 맞이하며 하루를 시작합니다. 일상의 감사가 쌓여 오늘을 충실히 살아가고 미래의 살아갈 힘을 만듭니다. 무의식 변화로 풍요로운 감정이 가득하고 웃는 하루로 시작합니다. 삶을 객관화하고 회복 탄력성을 키우는 힘을 받습니다. 일상에서 사용하는 언어의 가치와 복리의 힘을 알게 되었습니다. 자기 주관에 빠져 헤매는 감사일기가 아닌 오감을 활용해서 삶을 주도적으로 만들어 갑니다. 점점 제 삶에 주인이 되어 보내는 일상에 감사합니다.

| 2 |

빚을 갚고, 삶을 다시 세우다

"고통은 때때로 우리 안의 가장 깊은 빛을 깨운다."

- 루미

어릴 적 어머니를 보면 보험을 들었다 해지했다 반복했습니다. 어른이 되어도 보험에 들지 않겠다고 생각했습니다. 형제들끼리 부모님 건강검진을 해드렸습니다. 아버지가 전립선암 진단을 받으셨습니다. 다행히 초기에 발견하여 수술하셨습니다. 그때 보험의 중요성을 알게 되었고, 저희 가정에도 보험의 필요성을 느끼고 가입했습니다. 저와 남편의 종신보험, 아이들의 태아 보험을 시작했습니다. 문제는 월급의 반이 보험비로 나갔습니다. 육아에 전념하며 가정경제에 신경 쓰지 못했습니다. 10년이 지나서야 보험으로 많은 돈을 지출하고 있다는 것을 파악했습니다. 보험, 네트워크 사업, 코인 투자 및 집의 가압류로 빚이 눈덩이로 불어나 있었습니다. 정신 차리고 현실을 보고 참담했습니다.

삶이 절망이었습니다. 그때 바라본 곳이 〈빅맘의 북테라피〉였습니다. 이곳에서는 돈, 인생의 본질을 다루는 다양한 책을 읽고 감사일기를 썼습니다. 지금껏 살아온 시간은 미래가 보이지 않아 불안하고 슬픔이 가득한 삶이었습니다. 부자는 나와는 거리가 멀다고만 생각했습니다. 1년 8개월의 과정을 보내며 책을 읽고 기록으로 남기고 생각을 다시 하기 시작했습니다. 가랑비에 옷 젖듯이 저희 가정에도 변화가 찾아왔습니다. 박웅현의 『여덟 단어』에 보면 "현재에 충실히 살아."라는 말이 나옵니다. 독서를 통해 한 문장을 찾고 걷기를 했습니다. 매일 아침 감사일기를 썼습니다. 한 걸음씩 가보지 않은 길을 걸었습니다. 지난날을 되돌아보며 지금의 모습은 과거로부터 왔으니, 이제는 오늘을 충실히 살기로 생각했습니다. 미래의 모습은 오늘이 쌓여 저에게 올 것을 믿습니다. 점점 생각이 바뀌었습니다. 마이너스 인생에서 탈출하기 위해 전략이 필요했습니다. 독서하고 저축과 투자, 공모주 청약, 배당주, 연금저축 펀드에 가입하였습니다. 경제적 자유를 꿈꾸며 매일 실행했습니다.

　　마이너스 인생에서 탈출하기 위해 먼저 신용카드를 해지했습니다. 카드를 없애니 당장은 불편했습니다. 상황과 환경에 적응하며 월급 받으면 먼저 저축하고 빚을 정리했습니다. 계획적으로 지출을 했고, 감정 소비를 하지 않았습니다. 가계부를 쓰며 소비를 줄여나갔습니다. 카드 결제로 나갔던 돈이 고스란히 현금으로 통장에 쌓였습니다. 월급 받고 돈이 남는다는 것이 그저 놀랍기만 했습니다.

작년 여름 은행에 가서 자유적립식 종이 통장을 만들었습니다. 1일 1만 원 저축으로 6개월 후 1천만 원 만들기 목표를 세웠습니다. 통장 앞면에 네임펜으로 목표 금액과 기간을 적었습니다. 매일 출퇴근하면서 1만 원을 은행에 가서 저축했습니다. '6개월에 1천만 원을 어떻게 모을까?'에 집중했습니다. 생각한 대로 된다는 말처럼 집중하니 방법이 보이기 시작했습니다. 집을 정리하며 아이들 책을 중고 서점과 당근마켓에 팔았습니다. 처음에는 부수입을 만들어 저축해야지 하는 생각에 물건을 정리했으나, 물건을 정리할수록 공간에 가치가 더해져 삶이 더욱 풍요로워지는 것을 알게 되었습니다. 비울수록 통장 잔고가 채워졌습니다. 신기했습니다. 돈이 채워지니, 고정 지출과 변동지출을 파악하고 소비를 줄였습니다. 돈 모으는 것이 즐거워졌습니다. 저는 과거에 소비 즐거움을 느꼈는데 지금은 '돈 모으는 것이 이런 것이구나!' 느끼고 살아갑니다. 매일 1일 1만 원을 저축했고 더 좋은 돈을 끌어당겼습니다. 자신감은 통장 잔고에서 시작된다는 사실도 알았습니다. 1만 원의 힘은 6개월이 채 되지 않은 기간 동안 기적을 만들었습니다. 목표보다 훨씬 많은 돈을 모았습니다. 모은 돈은 시드머니가 되어 자산을 불려 가고 있습니다.

4인 가족의 계좌를 만들고, 공모주 청약하면서 부수입을 만들고 있습니다. 수익금을 저축하며 자산을 불려 가고 있습니다. 연초 〈빅맘과 함께하는 부자 습관 챌린지〉에서 1일 1만 원 주식 투자를 실천했습니다. 저축에서 소액 투자로 전환했습니다. 1만 원은 소비로 금방 사라지지만 모으면 좋은 돈을 끌어당기는 힘이 있습니다. 토스 증권에서 매일 1만 원 투자는 주가가 내리면 싸게 살 수 있어 좋고, 오르면 돈을 모으면서 수익이 올라갔습니다. 1만 원 투자 수익이 50% 넘었습니다. 남편도 용돈에서 매일 소액 투자하고 있습니다. 가족이 모으는 재미를 느끼고 마음을 합하니 삶이 풍요롭습니다.

배당주 투자로 현금 흐름을 만들어 갑니다. 워런 버핏이 자는 동안 현금 흐름을 만들라는 말처럼 배당금으로 재투자합니다. 매월 받는 배당금은 복리 마법으로 자산을 불려줍니다. 한 달이 지나 자산이 불어나 있으니 모으는 기쁨이 무엇인지 알게 되었습니다. 남편 월급으로 생활하고 저의 월급은 온전히 투자합니다. 월급날은 돈이 통장을 스쳐 지나가는 줄 알았는데 차곡차곡 쌓이는 것이 신기합니다. 매월 1일 카카오 26주 적금을 시작했습니다. 2,000원의 씨앗은 자라서 많은 열매를 열리게 합니다. 6개월째 6개 통장에서 돈이 불어나고 있습니다. 한 달 후 적금 만기가 돌아옵니다. 매일 1달러도 모으고 있습니다. 1달러를 1,000일 동안 꾸준히 모을 계획을 가지고 있습니다. 연금저축 펀드로 노후도 준비하고 있습니다. 노후의 안정적인 생활을 위해 일정 금액을 모아가고 있습니다. 매일 하는 것이 나를 만든다. 한 문장의 의미가 이제 어떤 말인지 머리에서 가슴으로 느끼고 있습니다.

주식계좌에 돈이 쌓이며 무조건 절약하는 것에서 절제하는 삶을 살고 있습니다. 작년 여름 아이들과 시장에 갔습니다. 첫째 아이가 탐스러운 석류를 보며 먹고 싶어 했습니다. 가격을 보니 하나에 1만 원이었습니다. 들었다 났다. 살까 말까를 고민하며 나중에 사주겠다고 말했습니다. 무조건 절약으로 인해 아이의 영혼까지 가난하게 만들었다는 것을 알아차렸습니다. 집에 오는 길 아이에게 미안하다고 말했습니다. 석류가 나오면 제일 맛있게 보이는 것으로 사주겠다고 약속했습니다. 절약과 절제를 알고 써야 할 때 돈을 쓰고, 쓰지 않아야 할 돈을 관리하며 살고 있습니다. 절제하는 마음은 풍요로움을 가져옵니다. 현재 가지고 있는 것에 집중하니 다른 좋은 에너지를 끌어당깁니다. 절제하며 내면이 단단해지고, 감정 소비를 하지 않으니 자산이 쌓이고 있습니다. 2024년부터 자산을 모으고 불려 가고 있습니다.

〈빅맘의 북테라피〉에서 독서하고 감사일기을 쓰고 삶이 달라졌습니다. 결핍으로 매일 절약하고 아껴야 잘 산다고 했던 시절 매일 싸움이 일어났습니다. 행복은 저희 집 하고는 거리가 멀었습니다. 하지만, 지금은 독서하고 감사일기를 작성하고 도반들과 나눔을 하는데도 삶이 풍요롭습니다. 아이들이 환하게 웃고, 서로 소통합니다. 사춘기 아들이 엄마가 자랑스럽다고 이야기도 해 줍니다. 사춘기 딸이 저의 볼에 부비부비 해 줍니다. 남편의 건강한 모습 그리고 미래를 함께 소통하면서 그려지는 지금 이 순간 행복하다는 마음이 생깁니다. 현실에 충실하며 미래를 그려나가고 있습니다. 작은 일도 당연함으로 보지 않고 감사하니 더 큰 감사가 선물처럼 쏟아집니다. 자산을 모아가는 즐거움으로 눈덩이 빚은 빛이 되어 매 순간 반짝반짝 빛나고 있습니다.

3

내 삶의 주인이 되어 살아가는 일상

"감사하는 순간, 이미 삶은 더 좋은 방향으로 움직이고 있다."
- 오프라 윈프리

감사일기 세 줄은 인생에 놀라운 기적을 만들어 주었습니다. 처음에는 일기 쓰는 것이 힘들었습니다. 무엇에 감사해야 할 줄 몰랐습니다. 하루를 되돌아보기 시작했습니다. 사는 대로 생각하니 감사할 것이 없었습니다. 일상을 적으며 이것이 감사할 일인가 하며 머뭇거리기도 했습니다. 컴퓨터 앞에 앉아서 멍하게 있기도 했습니다. 시간도 많이 소요되었습니다. 매일 의식적으로 감사할 일을 찾았습니다. 아이들이 어릴 때부터 저녁 식사 시간에 "감사합니다."라고 말하며 먹었습니다. 자연스럽게 말하면서 마음을 더하니 음식을 더 맛있게 먹는 귀한 시간이 되었습니다.

벽돌을 한 장씩 쌓으며 튼튼한 집을 짓듯, 감사일기를 쓰고 코치의 피드백을 통해 단단한 저의 인생의 집을 짓고 있습니다. 세상에 불평불만은 부정의 기운을 끌어당긴다는 것을 체험합니다. 부정도 복리가 되어 돌아온다는 것을 알게 되었습니다. 매일 아침 감사일기를 쓰며 무의식 언어를 긍정 언어로 바꿔나가기 시작했습니다. 부정의 마음은 자연스럽게 흘려보내고 긍정 언어를 의식적으로 썼습니다.

'하루를 살면서 감사할 일이 얼마나 될까?' 출근길 버스에 승차하며 "안녕하세요?" 인사했습니다. 어느 날, 버스 기사가 먼저 아침 인사를 해 주었습니다. 덕분에 하루를 기분 좋게 시작했습니다. 저의 내면 아이가 단단해지니 일상의 매 순간 다르게 보였습니다. 삶을 대하는 자세와 행동이 달라지기 시작했습니다. 식탁 한편에서 3년째 새벽 독서를 하고 있습니다. 꾸준히 내 성장을 위해 한 걸음씩 나아갑니다. 성장하는 사람은 늙지 않습니다. 주위에서 저를 보고 얼굴이 환해지고 예뻐졌다고 말합니다. 감사한 마음으로 살아가니 모든 게 변하고 있습니다. 웃는 얼굴과 매일 쓰는 일상의 긍정 언어가 좋은 에너지를 끌어당깁니다. 오늘 하루를 충실히 살아가며 성장하고 있습니다.

저의 내면이 단단해지니 가족이 변하고 있습니다. 남편과 함께 독서합니다. 책 속의 한 문장을 핸드폰 프로필로 바꿨습니다. 미국 흑인 인권 운동가인 말콤 X 말이 번역된 "꿈은 다리가 없어 도망치지 않으니 당신이 앞으로 나아가야 한다." 문구를 보고 가슴이 뛰었습니다. 희망의 빛이 보였습니다. 긍정의 에너지가 느껴졌습니다.

저녁 9시쯤 일 보고 들어왔습니다. 아이들에게 아빠 어디 갔냐고 물으니 식사하고 달리기하러 가셨다고 합니다. 하루 종일 회사에서 일하고 퇴근 후 집에 와서 달리러 간다는 것 자체가 놀라운 변화였습니다. 놀라웠습니다. 처음에 걷기를 할 때 5,000보 걷기도 힘들어했습니다. 함께 걸을 때면 조금만 천천히 가자고 했습니다. 지금은 하루 10,000보는 거뜬히 걷고, 주 3회 달리기 목표를 갖고 실천하고 있습니다. 100kg 넘던 몸무게는 이제껏 제가 만나보지 못했던 남편이 되어 70kg 몸무게를 유지합니다. 남편은 음식 앞에서 절제합니다. 음식을 적게 먹고 운동합니다. 저녁 식사로 단백질과 채소를 먹으며 식단 조절합니다. 읽고, 걷고, 달리는 삶을 살고 있습니다. 운동을 하면서 체력이 좋아진다는 것을 알고 실천합니다. 체력이 좋아지니 아침에 일어나면 피곤하지 않다고 합니다. 운동을 하면서 체중에도 변화가 생겼습니다. 1년 동안 17kg을 감량하며 몸에 지방이 근육으로 채워졌습니다. 20년 넘게 남산만 한 배를 갖고 살았던 삶, 옷 치수 110을 사면서 담요를 사는 것 같았는데, 현재 100 사이즈를 입고 있습니다. 체중 감량 후 일상이 달라졌습니다. 쉬는 날 누워 있는 남편이 일어나서 할 일을 하고 운동을 합니다.

아이들은 부모의 뒷모습을 보고 자랍니다. 자녀를 키우며 불안한 마음이 컸습니다. 저의 불안은 고스란히 아이들에게 전해졌고 큰아이는 마음의 상처를 많이 받았습니다. 정서적 언어 학대였습니다. 결국 심리 치료도 받았습니다. 매일 독서하고 강의를 듣고 글을 쓰고 있습니다. 엄마의 변화로 아이도 마음이 평온해지기 시작했습니다. 외출 후 집에 오면 아이들이 "다녀오셨어요."라고 나와서 인사합니다. 방 안에서 게임에 집중하거나 공부하는 중에도 인사하고 안아 주고 갑니다. 사춘기 중3, 중1 아이가 스스로 찾아옵니다. 집에 노래와 웃음소리가 들립니다. 사춘기 오누이는 해와 달 같습니다. 오빠가 이끌어 주면 동생이 잘 따라옵니다. 첫째 아이는 공부할 때 말하면서 하는 것을 좋아합니다. 역사 공부를 하면 설명을 하고 퀴즈를 냅니다. 남매는 서로 공부를 도와주며 작은 것도 나누며 즐겁게 지냅니다.

아이들은 하교 후 무조건 휴식을 취합니다. 영화 보거나 유튜브, 웹툰을 봅니다. 저녁에 운동을 다녀오고, 10시 반까지 공부합니다. 평일은 공부하고 주말에는 쉽니다. 자기 주도 학습으로 이어지고 시간 계획표를 짜서 공부합니다. 시험 기간에 목표를 정하고 시간 관리합니다. 어릴 때부터 다녔던 도서관으로 공부하러 갑니다. 아이들이 학교에서 다독상, 선행상, 미술 분야에서도 상을 받아 왔습니다. 사춘기에 다들 예민해지고 대화가 단절된다고 들었습니다. 아이들이 집에 와서 학교생활을 이야기합니다. 노래 부르고 춤을 춥니다. 자녀는 앞으로 무엇을 해야 할까요? 하고 스스로 질문하며 해결책을 찾아갑니다. 자녀를 키우며 행복을 기준으로 두니, 아이 존재 자체에 감사하게 되며 스스로 할 수 있는 시간을 기다려 줄 수 있는 여유가 생겼습니다.

첫째 아이는 남편과 함께 달립니다. 운동복을 입고 신발 끈을 묶습니다.

각자의 속도가 있습니다. 앞서가는 부자를 보며 저의 속도를 찾으며 달립니다. "어머니는 걷는 것보다 늦게 달리는 것 같아요."라고 아들이 말합니다. 속도보다 방향입니다. 목적지에 도달하려면 속도는 줄이고 인내심을 가지고 끝까지 뛰는 것이 중요합니다. 무더운 한낮의 열기는 밤에도 이어집니다. 바람 한 점 없이 달리다 보면 등줄기에 땀이 흐르고 멈추고 싶은 순간들이 많습니다. 그럼에도 불구하고 목적지를 향해 달립니다. 목적지에서 남편과 아이가 기다리며 시원한 음료를 줍니다. 거북이처럼 느리지만 꾸준히 가다 보면 가고자 했던 곳에 도달합니다.

처음 감사일기 쓰는 것이 어려웠지만 매일 쓰니 저의 일상이 달라졌습니다. 매 순간 숨 쉬는 것에도 감사하고 자제만 하던 삶에서 풍요로운 삶으로 변화되었습니다. 남편과 아이들도 각자의 속도로 가고 있습니다. 무기력한 엄마에서 '나는 무엇이든 할 수 있다.' 외칩니다. 삶이 즐겁습니다. 성장하는 사람은 행복합니다. 하루를 충실히 살아가며 감사하는 삶이 저의 인생에 아름답게 꽃피고 있습니다. 감사일기로 저의 인생, 가정에 기적꽃을 피우고 살고 있습니다.

| 4 |

아버지의 사랑을 깨닫다

"스스로를 다스릴 줄 아는 사람만이 진정으로 다른 이에게 나눌 수 있다."
- 아노니머스

　시아버님 기일로 이틀 휴가 내서 시댁과 친정에 다녀왔습니다. 남편과 아이들이 근무하고 있는 병원 앞에서 기다립니다. 근무 후 차에 타니 아이들이 반겨주고 남편이 햄버거를 건네줍니다. 시댁 가는 주말 고속도로의 차들이 정체됩니다. 아이들은 노래와 웃음소리로 휴가 가는 길이 즐겁습니다. 시댁에 도착하니 어머님께서 반갑게 맞아주셨습니다. 며느리가 일하고 오느라 고생했다고 백숙 끓여 주셨습니다. 어머님의 마음이 온전히 전해집니다.

　얼마 전 남편과 산책하면서 "어머님이 만들어 준 감자 갈치조림 먹고 싶다."라고 말했습니다. 엄마가 만들어 준 갈치조림이 아니라 시어머님이 만들어 준 갈치조림에 둘이 배꼽 잡고 웃었습니다. 엄마가 들으면 서운하겠지만, 딸이 이렇게 사랑받고 살고 있습니다. 이야기합니다. 어머니가 해 주신 음식이 그리울 때가 많습니다. 저녁 먹기 위해 밥상을 차렸습니다. 냄비 뚜껑을 열어보니 인삼과 대추, 양파, 대파를 넣고 끓인 백숙이 식욕을 자극합니다. 냉장고에서 김치통을 꺼내 묵은지 한 포기를 도마 위에 올려놓았습니다. 두부를 준비하고 김치를 썰었습니다. 김치를 하나 집어 먹었습니다. 시원하면서도 깊은 맛이 납니다. 백숙을 접시에 담고 토마토, 고구마순 김치, 두부김치로 상을 차렸습니다. 한 상 차려진 밥상을 보고 남편은 막걸리를 준비합니다. 온 가족이 먹으니 더 맛있다고 말씀하시는 어머님의 일상을 보며 제가 이렇게 복 받은 며느리라 감사합니다. 남편에게도 이렇게 좋은 곳에서 함께 사랑을 나눌 수 있어 감사하다는 생각을 합니다. 존재만으로도 제게 소중한 남편이고 어머님입니다.

다음 날 아침 시아버님 산소에 인사 갈 준비를 합니다. 아버님이 좋아하시는 롤케이크, 바나나, 우유를 가져갑니다. 저희가 오는 것을 아시는지 햇살을 살짝 구름으로 가려주셨습니다. "아버님, 덥지 않게 해 주셔서 감사합니다."라고 말합니다. 남편과 눈이 마주치고 살짝 웃습니다. 살아계셨을 때 아버님을 생각하니 눈시울이 붉어집니다. 좀 더 잘해드릴 걸 하는 생각이 듭니다. '어머님께 잘할게요.' 혼잣말했습니다. 오후에 장 보러 마트에 갔습니다. 아들과 데이트하라고 둘이 가시라고 해도 같이 가자고 합니다. 우리 며느리 먹고 싶은 것 사준다고, 제가 좋아하는 꽃게탕 아이들이 좋아하는 것들을 샀습니다. 시댁에서 보낸 이틀 동안 어머님 이야기를 들으며 보낸 시간이 귀합니다. 어머님은 제게 사랑받는 귀한 존재라는 것을 알려주신 분입니다. 어머님 사랑합니다.

　여름휴가 4년 만에 친정 가는 길이 설렙니다. 그동안 사는 내내 마음의 여유가 없었습니다. 절약한다고 찾아뵙지 못한 마음이 무거웠습니다. 부모님의 때가 있는데 이번에는 친정을 가는 마음이 고맙습니다. 어머니가 좋아하는 수박과 복숭아를 샀습니다. 밥은 안 드셔도 과일은 꼭 드실 정도로 좋아하십니다. 산으로 둘러싸인 시골의 풍경이 아름답습니다. 산새들 노랫소리 풀벌레 소리, 개구리들이 합창합니다. 논에 모내기를 끝내고 어린 벼가 자라고 있습니다. 밭에는 깨가 자라고 은은한 연분홍 깨꽃이 피었습니다. 호박꽃이 활짝 피고, 가지가 주렁주렁 열렸습니다. 고추밭에 고추가 익어가면서 빨강, 초록으로 패턴 놀이를 합니다. 농촌의 여름은 풍요로움이 가득합니다. 동네에 들어서자 어릴 적 추억들이 스쳐 갑니다. 부모님이 주차하는 소리를 듣고 마당에 나오셨습니다. 주름이 가득한 얼굴로 웃으며 맞아주십니다. "엄마, 저 왔어요." 애써 웃으며 인사했습니다.

　아버지께 저녁에 장어 먹으러 가자고 말씀드렸습니다. 집 근처에 유명한 장어구이 맛집이 있습니다. 부모님께 맛있는 저녁 식사를 대접해 드리고 싶었습니다. 그동안 돈을 아끼느라, 마음의 여유가 없어 건강하고 정성 담긴 음식을 대접한 적이 없었습니다. 작년 겨울에 아버지께서 일주일간 서울에 오셨습니다.

　일주일 동안 병원 가는 날을 제외하고 집밥을 먹으며 절약하려고 애썼습니다. 시골로 가신 뒤에서야 깨달았습니다. 아버지가 살아계실 때 잘해 드려야겠다는 생각을 했습니다. 한동안 마음이 불편해서 힘들었습니다. 절약이라는 것이 행복이 아니라, 미안하고 힘들다는 것을 알게 된 계기 중 하나였습니다. 오늘은 저희가 아버지께 음식을 대접하는 날입니다. 숯불에 구운 장어가 담백했습니다. 아버지는 상추에 장어와 마늘, 생강을 얹어 쌈을 만듭니다. 부모님께서 잘 드시니 자주 사드려야겠다고 생각했습니다. 효도하고도 여유 있는 통장 잔고를 보며, '진정한 절제는 이런 삶이구나! 감사합니다.' 마음에 감동을 담고 살아갑니다.

밭에 가신 어머니가 참외 2개와 옥수수 한 아름 안고 오셨습니다. 올해 첫 수확이라고 합니다. 아이들과 마당에 앉아 옥수수 껍질을 벗기며 옥수수 알갱이와 수염의 개수가 같을까 하며 질문합니다. 가마솥에 옥수수를 넣고 물을 채운 후 아궁이에 불을 지폈습니다. 김이 모락모락 나는 가마솥을 보니 정겹습니다. 어머니는 부지깽이를 들고 불을 조절합니다. 가마 솥 뚜껑을 여니 뿌연 수증기 속에 옥수수가 보입니다. 뜨거운 옥수수를 후후 불며 한입 베어 먹으니 탱글탱글 알갱이가 부드럽습니다. 곁에서 아버지가 볼펜을 들고 서류를 작성합니다. 볼펜을 잡고 숫자를 쓰고 계시는 아버지 손이 보입니다. 손이 거칠고 까맣습니다. 얼굴에는 주름이 가득합니다. 저희 남매들을 위해 애써오신 아버지의 삶을 존경합니다. 핸드폰으로 돈을 송금하는데 종이에 써진 계좌번호를 하나씩 누르는 모습을 보고 "제가 할까요." 목까지 차오르는 말을 삼키며 기다립니다. 느린 것은 불편한 것이 아니라 부모님의 일상입니다. 계좌번호를 누고 송금 완료 버튼을 누르기까지 몇 번을 확인합니다. 부모님의 시간은 천천히 흐릅니다.

며칠 전 딸이 외할아버지가 보고 싶다고 했습니다. "너 할아버지 무서워하잖아." 말하자 딸이 "할아버지만의 사랑법이 다를 뿐이에요." 말합니다. 깜짝 놀랐습니다. 아버지는 청각장애로 눈으로 말씀하십니다. 눈빛을 보면 알 수 있습니다. 동화 속 주인공처럼 아버지의 반짝이는 구두 위에 작은 발을 올리며 춤을 추듯 걷습니다. 바다낚시를 했던 시간, 따스한 햇살이 비추는 아름다운 추억이 떠올랐습니다. 딸을 통해 아버지의 깊고 넓은 사랑을 알 수 있었습니다. 모든 것은 배움이라고 말씀해 주셨습니다. 헌신적인 사랑을 부모가 되어보니 알게 되었습니다. **부모님을 통해 제가 얼마나 귀한 존재였는지 알아가고 있습니다.**

친정이 멀어 4년 만의 찾아뵌 휴가였습니다. 어쩌면 친정의 거리가 아니라, 저의 마음의 거리였는지도 모릅니다. 지난 시간 저의 과거를 마주하고 알아가면서 진정 소중한 것이 무엇인지 알아가는 시간이었습니다. 부모님과 일상이 주는 축복 속에 1박 2일을 보냈습니다. 가족과 함께 얼굴을 마주하며 밥 먹고, 부모님의 무한한 사랑을 배웠습니다. 부모님과 함께한 시간은 당당하게 세상에 나아갈 수 있는 힘을 만들어 주었습니다. 첫 번째 공저를 쓰고 아버지께 선물 드리고 싶었습니다. 그러나 그러지 못했습니다. 저의 과거 속 모습에 마음 아프실까 보이지 못한 글을 이제 보여드릴 수 있습니다. 오늘을 충실히 살며 미래를 향해 당당히 걸어가고 있는 모습을 선물하고 싶습니다. 부모님 감사합니다. 두 분의 사랑으로 제가 이렇게 잘 살아가고 있습니다.

감사일기를 쓰며 내면이 단단해지니 마음의 여유가 생겼습니다. 〈빅맘 위즈덤 스쿨〉 오픈 단톡방에서 걷기 인증과 공모주 안내로 도반들과 함께하고 있습니다. 매일 걷기 하면서 체력이 좋아지고 공모주 청약으로 도반들의 수익과 건강을 챙기는 일상이 즐겁습니다. 시선이 머무는 곳에 성장이 있습니다. 감사일기로 시선이 달라지고 생각하는 관점이 달라졌습니다. 감사할수록 감사할 일이 많아지고 웃을수록 하루가 풍요롭습니다. 공간의 힘은 놀랍습니다. 이곳에서 동기부여받고, 작은 것도 베풀고 나누는 삶은 성장의 발판이 되었습니다. 매일 책 읽고 걷고 쓰는 삶이 축복입니다. 한쪽 문이 닫히면 다른 한쪽 문이 열린다고 합니다. 저의 아픈 과거를 흘려보내니 일상이 주는 감사가 무엇인지 알게 되고, 당연함에 익숙했던 삶에 감사가 생겼습니다. 제안의 주인이 되어 선한 영향력 있는 삶을 살아가고 있습니다.

하루 끝 감사일기

온새미로(온전히 새로운 미래를 찾아 길을 걷는다)
감사일기

1. 엄마의 1%의 성장은 아이들에게 많은 변화를 가져왔습니다. 중학교 3학년 아들이 시간 가계부를 작성하며 성장 일기를 쓰고 있습니다. 하교 후 기타 연습을 하고, 문제집을 풀며 시간을 조율합니다. 아주 작은 습관이 나를 만든다는 것을 알고 있는 아이에게 감사합니다.

2. 챌린지에서 도반들과 매일 걷기를 하고 있습니다. 공간의 힘이 얼마나 큰지 알게 해 주는 시간입니다. 도반들의 베풂과 나눔이 큰 힘이 되고 있습니다. 선한 영향력으로 함께 걸어갈 수 있어 감사합니다.

3. 읽고 걷고 쓰는 삶을 살며 나답게 살아가고 있습니다. 무의미했던 일상, 당연하다고 생각되었던 일상이 따듯하다는 것을 알게 되었습니다. 무기력했던 저의 삶이 반짝반짝 빛나는 시간 감사합니다. 오늘도 덕담 한마디로 충만한 나눔이 되어 감사합니다.

온새미로 확언 3문장

1. 매일 하는 것이 나를 만든다.
2. 매일 다양한 경로로 돈이 들어온다.
3. 오늘도 풍요로운 마음으로 하루를 시작한다.

9장

세 명의 귀인과 감사로
인생을 새롭게 달리다

이루다 이미주

"감사는 삶을 단단하게 만들어 주고 오늘을 살아가는 에너지를 준다."

| 1 |

싱글 맘, 나를 키운 사랑의 시간

"사랑은 완벽할 때가 아니라 불완전함 속에서 끝까지 함께할 때 가장 빛난다."
- 레오 버스카글리아

"내 것일 줄 알았으나 받은 모든 것이 선물이었다." 이어령 선생님과 김지수 작가의 글 『이어령의 마지막 수업』 문장에 조용히 눈을 감는다. 경주마처럼 달려온 삶에서 잠시 숨 고르며 세상이 내게 들려주는 조용한 내면 언어에 귀를 기울인다. 보이지 않는 내 안에 내면 아이가 속삭인다. 모든 것이 새롭고, 자유롭다. 시간은 내가 지배하는 대로 천천히 흘러가는 듯 여유롭다. 지난 시절이 주마등처럼 지나간다.

일본에 정착해 지내는 장성한 아들이 올여름 한국 들어와 한 달 정도 머문다고 전화 연락이 왔다. 평소 무심한 듯 무뚝뚝한 아들이 불만스럽다 하면서도 아들이 전화 오면 언제 그랬냐는 듯 목소리는 '친절한 영자 씨'로 변한다. 나도 여느 엄마처럼 아들 바보인가 싶다.

스물다섯 살, 사랑했고 결혼해서 한 번의 아픈 유산을 겪은 뒤에 선물처럼 와준 아들이다. 나의 20대는 여자보다 남자들이 주위에 많았고, 하늘처럼 생각하는 부모님에게 잘하는 남자 만나 사랑받으며 행복한 가정을 이루리라 생각했다. 그래서 결혼했고, 드라마처럼 따스하고 행복한 가정을 꿈꾸었다. 하지만, 현실은 남편 도박으로 인해 빚이라는 단어를 알았다. 다시는 안 하겠다는 말은 무색할 정도로 반복되었고 배신감을 느끼게 했다. 빚은 눈덩이처럼 불어났다. 다정했던 남편은 사라졌고 초점을 잃은 눈빛은 희망이 없었다. 무서운 빚더미가 미래의 날을 가리고 어둠의 터널에는 한 줄기 빛조차 보이지 않았다. 세상이 온통 검은색으로 느껴졌다. 모든 것을 내려놓고 싶었다.

세 살배기 아들을 재워놓고 아파트 7층 베란다에 섰다. 창가 너머 보이는 친구가 되어 줬던 하늘도 미웠고 세상 누구도 아무것도 보기가 싫었다. 속이 보였다면, 마음은 이미 너덜너덜 찢기고 빈 껍데기만 남아 있는 듯했다. 마지막을 선택하려는 순간 부모님 얼굴이 떠올랐다. 부모님의 목소리가 환청처럼 들렸다. 내 몸이지만 내 것만이 아닌 것 같은 순간이었다.

가난했지만 부모님은 나를 사랑으로 키웠고 늘 사랑받고 있다는 믿음을 주셨다. 의미를 잃은 세상! 너무 아픈데 그마저도 내 맘대로 할 수 없는 현실에 덜컥 바닥에 주저앉아 통곡했다. 사랑의 힘으로 온몸에 힘이 빠지고 나를 잃어가는 순간에 외면했던 세 살 아들이 보였다. 극단적인 선택을 할 수 없었고 차가운 베란다에 다시 섰다. 엄마인 내가 캄캄한 어둠 속에서 아이를 위해 일어났다. 나를 버리고 싶었던 순간, 엄마라는 단어가 나를 일으켜 세웠다.

"그래 죽을힘으로 살아보자! 부모님이 내게 준 사랑의 힘으로, 나에게 엄마라는 이름을 선물해 준 아들을 위해 다시 나를 세워보자!"

일본에서 지내고 있는 여동생에게 전화했다. 어쩌면 나에게 마지막일 수 있고 지푸라기라도 잡는 심정이었다. 일본행을 결정했다. 절망적인 순간에 가족이란 힘을 주는 존재였다. 약해지는 순간이 올 때마다 베란다에서 했던 다짐을 떠올리며 통제할 수 없는 것을 무기력감 없이 받아들였다. 일본으로 건너가 허드렛일부터 시작했다. 남편의 빚을 갚아야 했다. 일본 생활은 생각처럼 호락호락하지 않았다. 그때마다 부모님과 아들의 얼굴을 떠올렸고 눈물로 수많은 날의 나를 어르고, 달래고, 응원하며 힘든 일본 생활을 버텼다.

그때 몇 년간 일본에서 고군분투로 다져진 마음 근육은 지금까지도 삶에서 일어나는 크고 작은 일들이 대수롭지 않고 별것 아닌 일로 유연한 태도를 만들어 주었다. 벌써 20년도 더 지난 일인데 아직도 그때를 떠올리면 처량했던 시절 가여운 내가 보인다. 악착스럽게 일했다. 그 당시 다진 기반으로 삶이 점점 나아지기 시작했고, 빚을 다 갚고 다리 쭉 펴고 자는 날이 왔다. 지금은 감사한 마음 가득한 오늘을 보내고 있다.

9장 세 명의 귀인과 감사로 인생을 새롭게 달리다

일본에서의 생활은 나에게 힘들었지만, 희망을 주었다. 아들의 성장을 선물로 주었다. 아들이 일본 국제 학교 입학하던 날, 작은 책가방을 메고 걸어가는 뒷모습을 생각하면 지금도 뿌듯했다. 잘 버틴 나에게 감사했고, 진짜 마음 깊은 곳부터 올라오는 울컥하는 눈물을 지금도 잊을 수 없다. 그 날 이후 모든 순간이 감사하다는 생각을 한다.

지금 이렇게 글을 쓰면서 과거의 나를 만났다. 그 시절의 내가 있었기에 현재 삶은 기쁨과 크기를 측량할 수 없을 만큼 감사하다. 고생 끝에 낙이라고 부동산 공부하려고 찾아간 모임이 있었다. 부동산 수업으로 유명했던 다꿈스쿨을 통해 2022년 10월, 보다 가치 있는 사람이 되고 싶었고 오프라인 강의라는 생각으로 참여했던 〈청울림의 자기 혁명 캠프〉에서 온라인 세계를 처음 알았다. 지금까지 알고 있던 세계와 다른 삶이었다. 당황스러웠다. 부동산 공부하려고 들어간 곳이 자기 계발 모임이었다. 도망치고 싶었지만, 20년 전 나의 정체성은 '인생 시련을 도망가지 않고 부딪히는 것을 선택한 사람이다.'라고 생각했다. 하지만, 생각보다 익숙지 않은 수업 방식, 함께하는 사람들의 열정을 보고 부담스러운 시간을 보냈다. 5주 동안 강의를 듣고 온라인 세상에 미련이 있었지만, 눈 수술 후 집중하지 못했고, 아쉽지만 멈추고 세월을 흘려보냈다.

2년이 지났다. 그때 같은 조에서 내 손을 잡아주었던 동기, 오승하 작가의 『희망의 트랙 위에 다시 서다』 책을 만났다. 그때의 고마움을 잊지 못해 읽었던 책 한 권이 인생 전환점이 되었다. 그녀를 만나고 싶었다. 그녀는 '빅맘'이라는 닉네임으로 〈북테라피〉 코치가 되어 있었다. 그녀와 만나면서 어쩌면, 오프라인에 익숙한 나를 디지털 세상으로 안내해 줄 사람이 아닐까 생각했다. 그 시절 그녀는 나에게 손잡아 주었듯, 지금의 코치가 되어 줄 것 같아 손잡고 온라인 세상에 들어왔다.

글을 쓰는 지금 〈빅맘의 북테라피〉에서 두 발 푹 담고, 자기 계발에 열정을 쏟고 있다. 처음으로 나만을 위한 꿈을 꾸고 나를 키우고 있다. 함께하는 도반(공부하는 벗)에서 온라인 표현을 빌리면 찐친(진짜 친구)이 되었다. 새로운 가족처럼 아침마다 서로의 안부를 묻는다. 감사는 삶을 단단하게 만들어 주고 오늘을 살아가는 에너지를 준다. 감사일기를 처음 작성하고 피드백을 받으면서 감사는 기적을 낳는 파동이고 에너지라는 것을 알 수 있었다.

삶에서 감사하고 있었지만, 함께 긍정의 에너지를 나누는 곳에서 감사일기는 엔도르핀보다 4,000배 강력한 신경전달 물질인 다이돌핀을 만나 새로움을 만들어 가고 있다. 아침에 눈을 뜨는 순간부터 살아 있음에 감사하고 하루의 시작을 감사로 도배한다. 살고 싶은 미래를 상상하고 내면의 나와 깊이 소통했다. 온라인 세계를 거부하고 몰랐다면 내 삶은 반쪽 인생이 되었을 듯하다. 이곳에서 각 지역의 다양한 분들 미국, 프랑스, 영국, 호주에 있는 분들과 편하게 소통을 하고 있다. 과정에서 우리는 하나라는 마음으로 오늘을 살고 있다.

오늘도 온 우주에 '감사하다! 고맙다!' 신호를 보내고 있다.

| 2 |

솜사탕 같은 말, 나를 구한 빛

"사람의 마음은 말의 따뜻함으로 살아난다."
- 탈무드

오늘은 온 마음을 다한 〈빅맘의 북테라피 성장반〉 30분 발표가 있는 날이다. 사람들 앞에서 말하는 것이 두렵기만 했던 나에게 30분 발표는 큰 벽처럼 느껴졌다. 상상만으로도 숨이 막히고 눈앞이 캄캄해지는 시간이었다. 조용히 눈을 감고 내 안을 들여다보자, 우아한 드레스를 입고 무대 위에서 자유롭게 생각을 펼치는 내 모습이 떠올렸다. 미래에 있을 내 삶의 한 장면이다. 그 순간 깨달았다. 어쩌면 오늘이야말로, 내가 꿈꿔온 미래의 한 조각일 수 있다는 것을.

발표를 통과하지 못하면 〈빅맘의 북테라피〉 다음 단계인 '우주반'은 포기해야 하는 상황이었다. 불안과 압박 속에서도 먼저 떠오른 건, 함께 울고 웃고 지지해 준 도반들이다. 한때는 그들 사이에서 외계인처럼 느껴졌고, 긴장감에 아무 말도 들리지 않던 날도 많았다. 수업에 집중하지 못하고 삼

천포로 빠지던 나를 함께 공부하면서 품어준 자리다. 완벽함이 아니라 함께 하는 것에 집중했다. 우리는 서로에게 의미 있는 존재들이다.

'처음으로 함께 공부하는 도반의 의미를 알았다. 그 사람들이 있었기에 나는 여기까지 왔다. 이 도전은 이제 나 혼자만의 싸움이 아니었다.' 온 마음 다해 발표를 준비했다. 글 쓰고, 읽고, 수정하고, PPT를 만들고 반복했다. 내가 쓴 글을 3주 동안 달달 외우기도 했다. 지금 성장한 자신을 보며, 문득 어린 시절이 기억난다.

나의 어린 시절 고향은 중국이다. 안중근 의사 동상이 있는 중국 하얼빈에서 기차로 8시간을 달려가면, 조선족 교포들이 모여 있는 작은 마을이 내가 태어난 고향이다. 열한 명의 대가족 속에서 자랐고, 어린 시절 고생하는 엄마를 보며 다짐했다.

"엄마처럼 고된 삶을 선택하고 살지는 않겠지만, 엄마만큼은 내가 꼭 지켜야지."

일찍 어른이 되었다. 열여덟 살, 중국에 수도 북경에 있는 식당에 일하러 떠났고, 앉는 자리표를 사지 못해 29시간을 서서 견디며 북경에 도착했다. 찬물에 기름 설거지를 하며 손 마디가 습진으로 피가 나도 늘 밝고 일 잘하는 아이로 인정받았다. 가족을 위해 일할 수 있다는 것이 그저 감사했고 행복했다. 그러던 어느 날, 식당에 온 한국 손님이 통역을 부탁했다. 통역 과정에서 도움을 드렸던 인연으로 인생의 방향을 바꿨다. 무엇보다, 따스한 목소리를 가진 한국이란 곳을 가보고 싶었다. 그분 목소리가 마음을 흔들 듯 솜사탕 같은 말 때문이었다. 목소리에서 나오는 한마디가 노래처럼 들렸고 너무나도 부드럽고 따뜻했다. 거친 말투에 익숙했던 나에게 그 말은 문화적 충격이었고, 동시에 삶의 전환점이 되었다. 조부모가 살던 고향 한국은 어떤 곳일까 난 그렇게 20대에 한국에 왔다.

내 인생에는 세 명의 솜사탕처럼 달콤한 인연이 있다. 세 명의 인연이 지금의 나를 서게 만들어 주었다. 우선 앞서 우연히 통역했던 곳에서 만남을 통해 인연이 되어 한국으로 연결해 주신 분이다.

"저도 한국에 가고 싶어요." 그렇게 입 밖으로 용기 낸 한마디는 인생의 새로운 시작이 되었다. 1995년 5월 25일. 내 나이 스무 살. 그분 도움으로 부모님과 함께 한국 땅을 밟았다. 경기도 부천 내동 지하 방. 한국에 온 나는 이해가 안 되는 말이 많았고 길거리 간판조차 무서웠던 시절이었다. 더 아픈 건, 같은 민족이라고 생각했었던 사람들에게 다른 언어와 문화 속에서 온 나는 이방인으로 살아야 했던 고독한 시간이 있었다. 나를 숨기고, 고향을 묻는 사람들에게 "강원도요."라며 영혼 없이 던졌던 시절 그때 나의 침묵은 단순히 언어가 아니라, 나를 지키는 방패가 되었고 동시에 벽이 되었다. 철저하게 고립되었던 나의 스무 살 청춘이었다. 그렇게 외로운 길을 스무 살 그 해부터 30대까지 보냈다.

두 번째 인연은 친구 정윤경이다. 지난 시절 소중한 인연들이 우연처럼 다가왔다. 상처 많았던 나에게 나답게 살게 해 준 건 친구 정윤경 '사람'이었다. 내 슬픔에 더 아파해 주는 사람, 내 기쁨에 더 크게 웃어주는 사람. 그렇게 시작된 20년 우정은 내 삶을 충만하게 가장 나답게 빛나게 해 주었다. 그녀를 통해 나는 사람다움은 어떤 것인지 알게 되었다. 한결같은 친구의 모습을 통해 나는 나답게 살 수 있었다. 친구를 통해 사람의 격이라는 것을 알게 되었다. 그림자처럼 곁에서 아껴준 친구 덕분에 오늘 나는 살아 숨 쉴 수 있는 감사한 삶을 살아가고 있다.

끝으로 3년 전, 만난 다른 빛이 있다. '오프라인 강의겠지.' 하고 참여했던 캠프에서 만났던 같은 조 동기, 지금의 오승하 코치다. 캠프에서 반장으로 나에게 온라인 세상을 열어주었고 덕분에 책 읽는 즐거움을 선물한 사람이다. 책 속 멘토들의 가르침으로 지금은 매일 책을 읽고 적용하고 성장하고 있다. 이 넓은 지구별에서 나만의 존재를 알아가고 인간이 누릴 수 있는 최고의 기쁨과 무한한 가능성을 배우고 실천해 나갈 수 있도록 알려주는 사람이다. 인생에서 우여곡절을 겪은 책 속 멘토의 삶을 통해 나의 삶을 단단하게 만들어 갈 수 있도록 안내받았다. 지금은 내 삶을 단단하게 하고 있다. 우주 선물처럼 감사하다.

온라인에서 닉네임은 '이루다'다. 꿈을 향한 끊임없는 여정 자체를 삶의 목적으로 삼았다. 그동안 경험으로 세상에 선한 빛과 힘을 전하는 존재가 되고 싶다. 내 인생을 반짝반짝 이미주답게 만들어 준 귀인들 덕에 지금의 삶은 솜사탕처럼 달콤하다. 이제 나의 언어나 경험이 누군가의 삶에 희망의 존재가 되고 싶다.

솜사탕 같은 말, 내 삶의 전환점이 되어 준말, 말은 사랑이고, 삶이고, 나를 구한 빛이다. 삶 속에 글이 있고 배움이 있고 나눌 수 있는 힘이 있다. 오늘 나는 어제보다 성장하는 이루다의 꿈을 펼쳐가고 있다. 희망과 감사가 충만한 오늘을 살아간다.

| 3 |

세 명의 귀인, 세 번의 감사

"감사하는 마음은 기적을 끌어당기는 자석이다."
- 오프라 윈프리

'싱글 맘입니다.' 처음 이 말을 입에 올렸을 때는 어색했다. '결혼 실패자'라는 낙인 같았다. 사람들의 편견과 고정관념 때문에 쉽게 말할 수 없었다. 미성숙한 내가 갑작스레 홀로서기를 해야 했던 그 시절, 막막함과 두려움이 짙은 안개처럼 나를 감쌌다. 하지만, 책 읽고 감사일기를 작성하면서 삶을 받아들였고 결심했다. 새벽은 늘 어둠을 지나 찾아온다는 걸 믿었기에, 나에게도 또 다른 아침이 찾아오리라 믿었다.

엄마가 된다는 것은 새로운 삶이였고, 고단한 숨결이었으며, 무수한 밤을 지새운 사랑 자체였다. 과거의 나는 남편에 대한 분노로 아무 죄 없는 아이에게 분풀이했던 순간이 있었다. 울고 있는 아이의 눈동자에서 못난 자신을 마주했다. 마법의 지우개가 있다면 그 순간을 쓱싹 지우고 싶다. 많은 날을 이를 악물고 버텼다. 지금은 과거의 나도 현재의 나도 보듬어 내고 있다. 그렇게 나는 나의 존재를 세상에 심었다.

지금은 장성한 아들을 흐뭇하게 바라보며, 자신을 돌보고 나의 그릇을 나답게 키워가고 있다. 행복한 싱글 맘이다. 지금의 나를 사랑하고 존중하고 있다. 엄마가 된다는 것은 하늘만큼 높고 바다만큼 깊은 사랑을 몸으로 살아내는 일이라고 말한다. 어린 시절에 그 말은 아름다운 수식어로만 들렸다. 오십이 되고 보니, 아들을 보고 있으면 그 시절 겪었던 고통이 가치를 더해 지금의 나를 만들어 주고 있다는 생각을 한다. 아들 덕분에 이 자리에 왔다. 그리고 내 삶을 존중하는 엄마가 되었다.

지금 이 글을 쓰면서 무엇보다 아들에게 고맙다. 아들 승현이가 없었다면 아마 여기까지 살아낼 수 없었을 것이다. 아이 덕분에 살아야 할 이유를 찾았고, 그 이유 덕분에 강해질 수 있었다. 아들 승현이가 어릴 적 가장 자주 했던 말은

"엄마, 언제 와?"였다.

짧은 한마디는 내 가슴을 늘 아프게 했고, 곁에 있어 주지 못한 미안함으로 오랫동안 마음을 눌렀다. 아들이 초등학교 다닐 때 등교하면서 저만치 가다가도 몇 번이나 돌아서 손을 흔들던 작은 손짓은, 하루를 버텨 낼 힘이 되었다. '아리다'라는 느낌은 아마도 이런 느낌이 아닐까 생각이 든다. 밤낮

없이 일 많은 나를 대신해 아들 곁을 지켜준 건 부모님이었다. 두 분의 헌신이 없었다면 지금 우리 모자(母子)도 없었을 것이다. 부모님의 자식에 대한 무한한 사랑에 깊이 감사하고, 은혜를 마음에 품고 살아간다. 엄마와 함께 살고 있는 지금, 의견이 달라도 이해하고 넘길 수 있는 이유는 그 시절 부모의 사랑을 현재 오롯이 느끼고 있기 때문이다.

지난 시절 아들이 실수할 때마다 세상의 화살은 나를 향해 날아왔다. 처음엔 억울했다. 아이의 잘못된 행동을 가르치고 보듬어야 할 것을 왜 싱글맘이라는 이유로 내 탓이어야 하는지 분노했다. 하지만 시간이 흐르며 알게 됐다. 아이는 부모의 거울이고, 아이의 모습은 나의 그림자가 아른거리고 있다는 것을. 그 책임을 외면하려고 했던 자신이 부끄러워졌다. 그렇게 나는 엄마가 되었고 철이 들어갔다.

다행히 아들은 조용히 사춘기의 소용돌이를 지나, 곧고 단단하게 자라주었다. 아들은 사회생활도 잘했고, 군대에서 받아 온 상장들을 책상에 올려놓았다. 작고 반짝이는 증명서들은 내 부족했던 마음을 다독여 주는 고마운 조각들이다. 책과 함께 매일을 살아가는 요즘, 가끔은 생각한다. 아이를 키우던 시절, 책 한 권이라도 읽었더라면 더 공감하고 더 지혜로운 엄마가 될 수 있었을 텐데. 아쉬움이 스치기도 하지만, 이렇게 버티고 이 자리에 온 나를 늘 응원하는 소중한 아들이다. 그런 아들을 위해 오늘도 잘 보내고 배움을 위해 노력하고 있다.

아들을 키우며 나도 자랐다. 두려워하던 미성숙한 여자 어른에서, 당당한 엄마로. 스스로 돌보고 성장시키는 온전한 '나'로 피어나고 있다. 홀로서기의 두려움은 이제 홀로서기의 자신감으로 바뀌었다.

"엄마는 아이를 위해 위대한 사람이 될 수 있다."

삶이 무너져 내릴 듯한 순간에도 아들를 지켜야 한다는 마음 하나로 버텼다. 싱글 맘으로 아들에게만큼은 부끄럽지 않은, 위대한 사람이 되고 싶었다. 지금은 우여곡절을 겪고 아들에게 당당한 엄마가 되었다. 그러나 나의 꿈은 여기서 멈추지 않는다. 이제는 나를 일으켜 준 사랑을 다른 이들에게 돌려주고 싶다. 넘치는 사랑으로 누군가를 돕고, 그들의 희망이 되고 싶다. 감사는 나를 지켜낸 힘이고, 귀인은 나를 일으켜 세운 축복이었다. 아들을 위해 위대한 사람이 되었다면, 이제는 세상을 위해 사랑을 나누는 사람이 되고 싶다. 그리고 나에게 귀인이 되었던 분들처럼 나 역시 세상에 귀인으로 받은 사랑 베풀고 살아가고 싶다.

나는 나를 위해서도 위대한 사람이 될 수 있다. 지금 순간이, 가장 찬란한 보석이고, 막 피어나는 꽃봉오리다. "승현아. 사랑해! 엄마의 시작은 너란다!" 아들을 위해 살았던 지난 모든 순간이 감사하다. 그 시절의 내가 있기에 지금의 내가 있다. 아이를 통해 위대한 엄마가 되었다. 그리고 세상의 따스한 빛을 만들어 내는 사람이 되고 있다.

| 4 |

내 인생 봄날

"강한 자가 살아남는 것이 아니라 끝까지 달리는 자가 강한 것이다."

- 무명

걸어서 10분 거리도 차로 다니던 내가, 마라톤 42.195km 풀코스를 네 번이나 완주한 사람이라니 믿어지지 않는다. 몸속에 흐르는 핏줄보다도 더 굵은 무언가가 내 삶을 완전히 바꿔놓았다. 2022년 10월, 청울림이 주최한 캠프였다. 그러고 보니 그때 강연장 뒷자리에서 출입문을 바라보며 "나는 이 자리에서 이유를 찾고, 웃으면서 저 문을 나가겠다." 다짐했었던 그 캠프는 나에게 사람과 달리기라는 선물을 주었다.

자기 혁명 캠프에서 시작됐던 5km 달리기. 모든 걸 팀에서 꼴찌로 마감했던 나였다. 언어를 이해하기 힘들었고, 온라인 세계를 제대로 알 수 없었다. 하지만, 달리기만큼은 꼴찌가 되기 싫었다. 죽자 살자 달렸다. 결국, 선두로 결승선을 통과했다. 숨이 목구멍까지 올라와 눈물과 콧물이 뒤섞여 흥건했다. 나도 마음먹으면 되는 일이 있구나. 그 기쁨이 표현이 안 될 정도로 뜨거운 가슴이 흥분되었다. 윤경에게 전화했다.

"지금부터 새로운 이미지를 만나게 될 거야!"

기분이 너무 좋았고 감정이 주최가 안 될 정도로 흥분했던 기억이 생생하다. 5주 캠프가 끝난 뒤에 청주 달리기 동아리에서 달리기를 이어갔다. 처음에 5km 달리던 내가 10km를 달렸고 어느새 하프코스까지 달릴 수 있었다. 10km 대회, 하프대회를 통해 러닝 크루와 인연을 이어갔다. 사람들과 함께 땀 냄새를 섞으며 쌓아가는 에너지는 내 몸에 새로운 나를 만들어냈다.

2024년 3월 17일, 서울 동아 마라톤. 친구와 10km만 뛸 예정으로 대회를 신청했다. 하지만, 한 달 뒤에 있을 보스턴 마라톤을 염두에 두었고 결국 풀코스 42.195km를 뛰기로 계획을 수정했다. 짐 보관이 안 되어 뛰지 못할 에피소드가 있었지만, 우리의 간절함은 결국 길을 열어주었다. 마지막 조로 출발하는 우리는 심장 소리가 북처럼 울리고 온몸이 땀으로 젖어 사우나 안에 있는 듯 뜨거웠다.

10km 지점에서 엄마에게 전화를 걸었다. 윤경이랑 마라톤 코스를 뛰고 있으며 지금 장면이 뉴스에서 생중계될 수 있으니 혹시 화면에 보이면 찾아보라고 전했다. 엄마는 신장암 수술을 받은 후 무리하게 운동하면 투석

해야 할 수도 있다고 하며, 자신의 말을 흘려듣지 말라고 걱정스럽게 말했다. 그 순간 엄마를 안심시키기 위해 보스턴 마라톤이 끝나면 달리기를 그만두겠다고 답했다. 그제야 엄마는 가슴을 쓸어내리셨다. 모든 엄마들은 자식 생각하는 마음이 한결같다. 그리고 그런 나를 응원해 주셨다. 뒤이어 아들 승현에게 전화했다. 엄마는 윤경 이모랑 멋진 사람들과 함께 서울 마라톤 풀코스를 뛰고 있다며, 너무 행복하고 벅찬 마음이라고 전했다. 아들은 내 말이 떨어지기 바쁘게 숨 고를 틈도 없이 몸 다치지 말고 "파이팅!"이라고 말했다. 아들의 그 한마디에 피로는 구름처럼 사라졌다.

달리면서 생각했다. 사람들은 왜 마라톤을 인생에 비유할까? 끈기, 인내, 과정, 성장이 있기 때문이다. 마라톤은 단순 달리기가 아니라 자기 자신과 싸움이다. 끊임없이 흔들리는 마음, 포기하고 싶은 순간, 근육이 쥐가 나고, 한발도 나갈 수 없을 만큼 다리가 잠기는 마의 구간도 있다. 그때마다 내 안에서 작게 그러나 분명히 들리는 목소리가 있다.

"이 길은 누구도 대신 달려줄 수 없다. 결국은 내 발로 완주하는 나만의 길이다."

때로는 지루한 삶을 견디며, 인간의 한계를 넘어, 고통의 끝을 뛰어넘는 자신을 증명하고 싶었다. 친구와 결승선을 통과하며 내가 시각화했던 장면을 실현했다. 세포가 눈에 보인다면, 온몸에 세포가 동시에 웃는 느낌이리라 생각했다. 온몸 에너지가 다 빠진 그 자리에서 들려주는 영혼의 말들,

결승선을 밟는 순간의 감동, 대회는 우리를 위해 존재한 듯 서울의 공기, 빛, 색깔, 모든 것이 새롭게 느껴졌다.

신이 우주에 계신다면 고마운 마음 전하며, 이런 감정을 경이롭다고 표현하는 것임을 알게 되었다. 친구를 꼭 안아 주었다. 살아 있다는 것은 이런 것이구나 가장 뜨거웠던 기억은 지금도 내가 자랑스럽다.

달리기 열정은 보스턴 마라톤까지 연결되었다. 세계에서 가장 오래되고 유명한 러너들의 꿈의 무대라는 그 대회에 도전장을 내밀었다. 마음은 이미 보스턴에 가 있었다. 영어는 "땡큐!" 밖에 모르는 내가 42.195km의 지구 곡선을 그리겠다고 신청서를 내밀었으니 지금 생각해 보면 용기가 대단하다. 그날의 성취감과 흥분이 아직도 내 가슴속에서 출렁인다. 감정 파동이 지금의 나를 즐기는 모습으로 살아가게 만드는 힘이 되었다. 그렇게 나는 나를 증명해 내었다.

한 달 뒤, 다리 부상에도 불구하고 보스턴 마라톤 42.195km를 친구와 성공적으로 완주했다. 마라톤을 하면서, 처음 느껴 본 기쁨을 느꼈다. 친구와 함께 역사적 삶을 만든 날이다. 두고두고 잊지 못할 아름다운 이야기를 한다. 풀코스 마라톤을 서울 동아마라톤에서 한 번, 보스턴 마라톤에서 한 번, 돌아가신 아빠가 보고 싶어 청주 무심천에서 달렸다. 그리고 마인드파워 '조성희 마파달'에서, 총 네 번을 완주했다. 마라톤을 하며, 지나간 시절을 떠올렸다. 우리가 진정 원하는 것은 도착지가 아니라, 여정에서 순간순간의 느끼는 감정들이었고, 함께하는 사람이 전부라는 것을 깨달았다. 인생이라는 긴 코스에서 끝까지 손을 놓지 않고 함께 뛸 수 있는 사람, 그 존재야말로 진짜 '완주'의 선물이었다. 그렇게 나는 과거와 이별했다. 그리고 지금은 온전히 나에게 집중하는 삶을 살고 있다.

온 우주에 감사하다. 생각하는 대로 펼쳐지는 삶! 미래에서 펼쳐지는 현재를 살아간다. 1년 가까이 〈빅맘의 북테라피〉에서 활동하며 많은 깨달음과 행동으로 가치를 만들고 있다. 삶은 순간의 합이다. 행복은 현재에 있었다. 간절히 원하는 걸 늘 기도한다. 모든 순간이 감사이고 선물이었다. 내가 아름답고 함께여서 더 아름다운 세상이다. 우주는 나의 신호를 듣고 응답해 준다.

어려운 걸 쉽게 해내는 사람, 남들과 똑같지 않은 차별화를 좋아한다. 넘버원 아닌 온리원이다. 내 심장이 뜨거워지는 〈빅맘의 북테라피〉 안에서 우리는 저마다의 아름다운 빛을 뿜어내고 서로의 봄이 되어 주고 있다. 각자 자신만의 길을 열었고 그 길 위에서 우리의 손을 잡아주고 우리를 돕는 코치가 앞장서 있다.

글 한 줄도 못 쓰던 때가 있었다. '남을 돕고 싶고, 반드시 돕겠다는 마음'만 있으면 독자가 공감하는 글을 쓸 수 있다는 코치님의 말에 글의 세포가 깨어난 듯 생각이 피어났다. 내 삶의 목적은 '지금 이 순간에 충실하라.' 뜻의 라틴어 카르페디엠이다. 오늘을 감사한 마음으로 살아가고 있다. 남편의 도박 빚으로 힘든 시간을 보내고 싱글 맘으로 아이를 지키며 빚을 갚고 스스로 일어서야 했다. 삶은 신장암 수술로 다시 나를 시험했지만, 나는 멈추지 않았다.

42.195km 마라톤을 네 번이나 완주하면서 자신을 증명했다. 그중 보스턴 마라톤은 내 삶에 다시 쓰인 새로운 이정표가 되었다. 비비안 그린은 "인생은 폭풍이 지나가기를 기다리는 것이 아니라, 빗속에서 춤추는 법을 배우는 것이다."라고 했다. 이제 나는 고난을 두려워하지 않는다. 감사와 도전으로 일어섰던 내 삶은 나 혼자만의 이야기가 아니다. 앞으로 선한 영향력을 끼치며 누군가의 귀인이 될 수 있도록 자신을 수련할 것이다. 나는 아들에게 당당한 엄마이자, 세상에 빛을 나누는 '이루다'로 살아갈 것이다.

하루 끝 감사일기

빛을 나누는 이루다 감사일기

1. 매일 10,000보 걷기와 30분 비움 챌린지로 몸과 마음을 충만함으로 채워가니 감사합니다. 깨끗한 긍정의 언어로 매일 샤워하듯 저에게 줍니다. 제 몸속 장기와 세포들이 환하게 깨어나 춤추면서 피어나는 듯합니다. 사랑으로 오늘을 맞이할 수 있어 감사합니다.

2. 본깨적(책보고 깨닫고 적용할 것)으로 내면의 나를 만나고 따라가는 삶 감사합니다. 제가 가는 만큼 내면 아이도 저를 향해 다가오고 있습니다. 마치 기다렸다는 듯 손 흔들어 주고 강렬한 눈빛을 보내줍니다. 제 유토피아가 우리는 하나이며, '내 안에 있다'는 사실이 벅차게 다가옵니다. 오늘도 충만한 하루입니다. 감사합니다.

3. 시간, 공간, 인간 '3간'이 있는 〈북테라피〉를 만나고 새롭게 태어나 감사합니다. 함께 성장하고 가치를 만들어 가는 우리는 '하나'이고 축복입니다. 가족처럼 서로의 일상을 공유하고 응원하는 도반들이 함께해서 감사로 충만한 하루 보낼 수 있어 감사합니다.

삶을 바꾸는 하루 첫 생각

이루다 확언 3문장

1. 나는 내 안에 잠재의식을 깨우고 기적을 만났다.
2. 나는 2025년 12월까지 체지방률 23, 몸무게 47kg 건강한 다이어트에 성공했다.
3. 나는 반복의 힘을 믿고 매일 경이로운 삶을 선물 받는다. 모든 순간에는 늘 함께 하는 사람이 있다.

10장

혼자 하는 감사에서, 함께 성장하는 길을 열다

마인드 코치 빅맘 오승하

"오늘도 승리하는 하루, 우리는 감사로 내일을 만들어 갑니다."

| 1 |

고통이 감사로 빚어낸 힘

"내가 나의 가치를 인정하는 순간 세상은 내 편이 된다."

- 오승하

　2021년 9월 제24회 중국 베이징 동계 올림픽 국가대표 선발전이 얼마 남지 않은 날 아들은 열심히 훈련에 집중했습니다. 세계 주니어 챔피언이 된 후, 코로나가 발생했습니다. 2년 동안 세계 대회가 취소되었습니다. 상승곡선을 타고 성장할 타임에 쉼을 가졌으니 조바심이 가득했습니다. 이번에는 무엇인가 이룬다는 마음으로 훈련을 했습니다. 얼굴에 지친 모습이 보였지만, 선발전이 며칠 안 남은 시간도 훈련한다고 사이클을 가지고 나갔습니다. 피곤한 얼굴을 보면서 괜찮을까 불안한 생각에 말렸지만, 고집을 부리고 나갑니다. 저럴 때 보면 제 자식이 맞습니다. 고집불통.

　걱정도 잠시 이번 주 여수 출장에 힘든 주간을 보낸 후, 소파에 앉은 채로 잠들었습니다. '으악, 뭐지!' 악몽입니다. 시간을 보니 20분 정도 깊은 잠을 잔 것 같습니다. 다행이다, 꿈이구나 생각하는 순간 핸드폰이 울립니다. 왠지 불안했습니다. 슬픈 예감이 맞는다는 것은 이런 경우를 두고 이야기 하나 봅니다. 아들의 목소리를 듣고 찾아간 곳에 아이는 사고로 앉아 있었습니다. 상태가 안 좋았습니다. 응급실을 찾아갔고 그날 아이는 분쇄 골절의 진단을 받았습니다. 아픈 아들이었지만, 순간, 고집을 부렸던 아들에게 감정이 폭발했고 감당하기 힘든 순간이었습니다.

지난 30년 넘게 아침 감사일기를 드문드문 써왔고 최근 6년 동안 빠지지 않고 쓰던 감사일기를 처음으로 이틀 동안 쓰지 못했습니다. 일기 쓸 내용도 생각나지 않았고 젠장이라는 욕만 생각났습니다. 아들 사고 후 다음날 아침 차 트렁크에서 당시 입고 있던 사이클복과 헬멧을 꺼냈습니다. 사고의 심각한 상태를 발견했습니다. 옷은 아스팔트에 쓸려 녹아 있었고 헬멧은 굵직하게 파인 상태였습니다. 자칫 아이는 '더 큰 부상으로 이어질 수 있었겠구나!' 생각하니 아찔했습니다. '다행이고 감사합니다.' 기도했습니다. 그날 이후, 다시 감사일기를 작성해 나갔습니다.

결국, 아이는 수술했고, 며칠 후 국가대표 선발전은 13년 동안 꿈꾸던 세계 챔피언의 꿈을 사라지게 했습니다. 수술 후 퇴원했습니다. 회복 후, 다시 운동을 시작했습니다. 수술 부위에 이상이 생겼습니다. 가까운 병원을 찾아갔습니다. 의사는 일반인의 삶을 살 수 있지만, 운동할 경우 근육과 뼈에 문제가 생긴다고 했습니다. 앞으로 선수 생활은 힘들다는 의견을 제시해 주었습니다. 병원 네 곳을 찾아가면서 재진찰을 요구했지만, 돌아오는

답은 한결같았습니다. 더는 선수 생활이 힘들다는 의견을 들어야 했습니다. 아들은 오열했습니다. 수술해 준 주치의를 찾아갔습니다. 선수가 희망을 품고 훈련한다면 가능할 수도 있지만, 보편적이지 않다고 했습니다. 보기 드물게 회복이 되는 경우 기적이라고 했습니다. 아들은 실망했고 방황의 시간을 보냈습니다. 함께 운동하던 동료 선수들이 베이징 올림픽에 출전해 메달 소식을 전했습니다. 몇 달 동안 방에서 나오지 않고 지냈습니다. 아들 혼자 방 안 구석에서 오열하고 꺽꺽 울음소리가 방문을 넘어 세어나올 때 저도 가슴을 쓸어 안으며 입을 막고 울었습니다. 아들은 자신의 행동에 후회하고 자책했습니다. 어느 날 아들은 헤르만 헤세의 『싯다르타』를 읽고 책 속의 한 문장을 발견했습니다. 저에게 산책하자고 이야기했습니다.

"책망으로 되는 일은 절대 없습니다. 책망으로 스스로 해를 입지 마십시오."

싯다르타의 가르침이 아들의 마음 문을 열고 회복 탄력성을 주었습니다. 산책하면서, 아들에게 감사일기를 권했습니다. 지난 6년 이상 매일 쓰던 감사일기를, 아들이 사고 난 날과 다음 날 감사일기를 쓰지 못했고, 차 트렁크에서 물품 정리하면서 당시 상황을 이야기하니, 아들은 긴 한숨을 쉬었습니다. 미안한 마음이었는지 감사일기를 작성하겠다고 했습니다. 그렇게 아들과 함께 감사일기를 작성했습니다. 다시 꿈을 꾸었습니다. 재활을 시작했고, 자신의 몸과 마음을 수련했습니다. 아들은 감사일기를 통해 자신의 삶이 감사하다는 내용을 매일 찾기 시작했습니다. 쉽지 않았을 것입니다.

원망과 자책으로 깊이 뿌리 내린 무의식을 정화하는데 긴 시간이 걸렸습니다. 감사일기를 쓰면서 매일 감사 거리를 찾는 과정에서 아들의 변화는 서서히 눈에 띄게 좋아졌습니다.

첫째, 자신의 모습을 있는 그대로 받아들이기 시작했습니다. 열정적인 자신도 고집부린 자신도 있는 그대로 받아들이면서 자신의 존재를 인정했습니다.

둘째, 자신의 단점을 찾아내고 수정 보완하는 과정을 만들었습니다. 어릴 적부터 무의식적으로 사용하던 단어를 찾아내고 과정에서 수정 보완했습니다. 가령, 두려움이란 단어를 설렘으로 대체하기 시작했습니다. 다시 국가대표 선발전을 맞이한다고 해도 재활 시간이 길어 두려움보다는 설렘이란 단어로 대체했습니다.

셋째, 장점을 찾았습니다. 자신을 탓하기보다 장점을 강화했습니다. 장점을 강화하니 잠재의식에 숨겨진 놀라운 능력들이 하나씩 보이기 시작했습니다. 그렇게 매일의 일상에서 자신에게 감사한 일을 찾아가면서 놀라운 회복 탄력성을 키웠습니다.

30년 동안 드문드문 작성한 감사일기가 무조건 감사하다 생각하지 못합니다. 하지만, 매일 쓰는 감사일기는 다릅니다. 일상에서 나타나는 사건 사고가 있지만, 의식적으로 노력했습니다. 오늘의 삶에서 매일 3가지 이상 찾았습니다. 감사한 일들이 보였고, 넘치기 시작했습니다. 아들의 일을 겪으면서 일상의 무의식 언어가 중요하고 인생을 바꿀 수 있다는 생각을 했습니다. 2년 후 다시 돌아간 희망의 트랙 위에서, 아들은 국가대표가 되었습니다. 현재 아들은 제25회 이탈리아 밀라노에서 개최될 동계 올림픽 국가대표 출전을 바라보고 있습니다. 일상의 감사한 힘이 놀라운 힘을 만들어 준다는 사실을 알아차렸습니다.

아들이 훈련에 복귀 후, 〈빅맘의 북테라피〉 독서 모임을 운영하는 코치로 감사일기를 매일 나누고 있습니다. 일기는 사실 누구와 나누는 것은 아닙니다. 일기가 공개된다는 것은 자신의 상황과 내면의 기운을 노출하는 것과 같습니다. 하지만, 무의식 언어를 알아차리기 위해 적습니다. 소수 인원만 입문하여 감사일기를 매일 나눕니다. 무조건 감사가 아니라, 매일의 일상에서 진심을 담아 일기에 적어 갑니다. 소그룹으로 진행하면서, 무의식의 언어를 피드백합니다. 감사일기가 아들의 힘든 과정을 바꾼 것처럼, 도반들의 삶 속에서 긍정의 언어로 바뀌는 기적을 봅니다. 자신의 어린 시절 무의식을 보고, 현재 삶을 알아차리면서 감사로 채워지고 있습니다. 도반들의 기적의 삶을 나눌 수 있어 감사합니다. 고통이 감사로 빚어낸 힘은 혼자 시작했던 감사가 함께 성장하는 힘이 되었습니다.

알베르트 아인슈타인은 감사는 행복의 씨앗이라고 했습니다. 아인슈타인의 말처럼 큰 나무도 결국, 작은 씨앗으로부터 출발합니다. 매일 아침 감사의 씨앗을 내 인생 곳곳에 심습니다. 시간이 흘러 감사의 씨앗이 자라고 자신의 좋은 때 꽃과 열매를 맺어가는 모습을 봅니다. 감사하면 삶이 풍요롭습니다. 작은 기적을 매일 만날 수 있습니다. 감사는 모든 삶을 더 나은 곳으로 안내해 줍니다. 마음의 조급증을 내려놓고 자신의 무의식을 알아차릴 때 내면 깊은 곳에서 진정 감사한 일들이 일어납니다.

감사는 과거와 친해지고 현재를 충실히 살아가며 미래의 나의 모습과 익숙해지는 과정입니다. 그러기 위해서는 감사일기 속에서 무심코 쓰던 나의 무의식 언어를 알아차려야 합니다. 쉽지 않습니다. 노력해야 합니다. 매일 감사한 일을 적고 그 내용을 바라보며 알아차리고 용기를 가지고 나아갑니다. 3년 후 7년 후 감사일기를 쓰면서 더 좋은 방향으로 흐르고 있다는 사실을 믿습니다. 오늘도 감사한 도전들 속에 승리하는 하루를 만들어 갑니다. 감사합니다.

| 2 |

나다움을 찾게 하는 글쓰기 '승하 책방'

"과거의 고통이 없다면, 오늘의 나도 없다."

- 카를 구스타프 융

어린 시절의 엄마와 강한 마찰로 인해 하루도 평안한 날이 없었습니다. 엄마는 큰딸인 저에게 기대가 크기도 했지만, 동시에 살림 잘해서 좋은 데 시집가기를 원하셨습니다. 바람과는 다르게 저는 살림에 재미를 느끼지 못했고, 책과 명작 만화를 더 좋아했습니다. 어린 시절 인생의 주인공을 상상하며 산책하는 것이 즐거움 자체였습니다. 매일 남산에 올라가 출근 전 달리면서, 외국인과 인사한 아침이 정겹게 느껴졌습니다.

대기업에 취직한 것도, 대학을 가는 것도 엄마는 못 마땅해하셨습니다. 보통 엄마들의 자랑거리인데, 유일한 3대 독자인 아들이 공부도 힘들어하고, 회사 입사에 관심이 없었기 때문입니다. 엄마 소망은 물거품처럼 사라지고, 저의 몫이 되어 엄마의 원망을 들어야 했습니다. 결혼할 때도 집안의 반대가 있었습니다. 집에서 생각한 혼처가 있는데 첫눈에 반한 남편과 3년

연애 후 결혼했습니다.

결혼 후에도 잦은 마찰로 엄마와 관계가 쉽게 좁혀지지 않았습니다. 어린 시절부터 저의 꿈은 신사임당이었습니다. 좋은 엄마, 아내, 딸이 되는 것이었습니다. 반대하는 결혼을 해서 그런지 여전히 엄마는 자신의 곁을 주지 않으셨습니다. 찾아가도 따스한 밥도 대접을 받지 못했습니다. 남편에게 늘 미안한 마음이 가득했고 엄마가 원망스러웠습니다. 결혼 10년 차였던 어느 날, 엄마에게서 전화가 걸려왔습니다.

"승하니? 이번 주말에 올래. 식사 한 끼 하자."

결혼 10년이 흘러도 식사 한번 안 챙겨 주던 엄마는 무슨 마음의 변화인지 전화해 주말에 가족 식사를 하자고 하셨습니다. 하지만, 저는 마음이 내키지 않았습니다. 지난 10년 동안 할 말이 있다고 오라고 해서 가보면 다단계에 빠져 말 안되는 물건을 안기기도 했고, 새집으로 이사 가는데 급하게 한 달만 자금 빌리러 간 자리에 동네 창피하다는 이유로 처음이자 마지막 부탁을 돈 빌리러 왔다고 문전박대한 엄마이기 때문입니다. 이번에는 무슨 일로 식사하자고 하시는지 마음이 복잡했습니다. 물건을 사고 돈을 안 빌려주는 것은 괜찮았지만, 집으로 돌아오는 길에 상처받은 마음은, 두고두고 가슴에 응어리가 남았기 때문입니다. 다시는 가족이라고 해도 상처를 받고 싶지 않았습니다. 가족에게 받은 상처는 다른 이에게 받은 상처와 비교가 되지 않을 정도로 아팠습니다.

주말이 지나 월요일에 여동생들한테 전화가 왔습니다. 엄마가 응급실이라고 연락이 왔습니다. 엄마는 오랜 시간 당뇨병을 앓고 계셨는데, 급성심근경색으로 입원 3일 만에 세상을 달리하셨습니다. 순식간에 일어난 일이었습니다. 마지막 전화가 저라는 사실에 죄책감이 무게를 눌렀습니다. 살아계신 내내 마음에 무게를 주시더니, 마지막 가는 길까지 저는 엄마에게 불효녀였습니다. 제가 결혼할 때 제대로 된 결혼 선물 없이 반대만 해서 미안했다며 엄마가 결혼반지를 남겨 주셨다는 이야기를 여동생에게 전해 들었을 때, 저도 모르게 오열하며, 혼자 방구석에서 울었습니다.

오랜 시간 자책했습니다. 자신을 원망하며, 자기 비하하며, 살았습니다. 죄책감이 들고 삶의 무게를 무겁게 느꼈습니다. 행복할 자격도 없다 생각했습니다. 자책의 시간도 잠시 자녀들을 키우고 분주한 삶을 살아가면서, 사는 사람은 다 살아진다는 이야기가 와닿았습니다. 마음 한구석에 남은 멍이 한동안 함께했습니다. 어느 날 신문의 한 귀퉁이에 마쓰시타 고노스케 일본 기업가가 "감옥과 수도원의 공통점은 세상과 고립돼 있다는 것으로, 다른 것은 고립된 상황에 불평하느냐 감사하느냐의 차이다." 문장을 선물 받았습니다. 아마도 그때부터 매일 감사일기를 작성했던 것 같습니다. 저로 인해 힘들었던 가족을 위해 저는 마음의 짐을 내려놓고 살아야겠다는 생각했습니다. 마음이 우울하면 화가 나고 증폭되어 주변을 힘들게 한다는 것을 머리로는 이해하면서 행동은 늘 달랐습니다. 후회해도 소용이 없었고, 반성해도 소용이 없었습니다. 매일 감사일기를 작성하면서 스스로 질문했습니다.

"내가 놓치고 있던 따스함은 무엇일까?"
"오늘 하루 내게 말을 걸어온 작은 기쁨은 무엇이었나?"

두 질문을 통해 매일 세상을 바라보는 감정의 시선을 교정하기 시작했습니다. 영국 작가 콜린 웨스트의 『핑크 대왕 퍼시』는 핑크를 좋아하는 왕의 이야기입니다. 핑크를 너무 좋아해서 세상을 핑크로 바꾸고 싶었던 왕에게 핑크빛 안경을 쓰게 한 현자의 지혜를 알려주는 이야기입니다. 저는 그동안 부정적으로 세상을 보고 있었습니다. 문제는 세상에 있는 것이 아니라 저의 감정에 있었습니다. 감사일기를 쓰면서 세상을 바라보는 시선이 교정되었습니다.

감사일기를 작성하고 엄마가 되어보니, 보이는 것 느껴지는 것이 사랑이었습니다. **세상의 모든 엄마는 위대한 스승이었습니다.** 부드러운 사랑을 받은 자녀들도 엄마의 사랑으로 세상과 교류하는 힘이 생기고, 엄마가 강해 스스로 일찍 철이 들었던 자녀들도 결국, 세상을 살아가는 힘을 받고 있으니 말이지요. 세월이 지나고 엄마가 되어보니 보입니다. 엄마의 마음은 본인이 사업가 만나 고생했기에 저에게 편한 결혼 생활을 권하고 싶었다는 것을 자녀를 낳아 키워보니 알 수 있었습니다. 사랑 표현 방식이 서툴러서 엄마도 엄마가 처음이라 그랬구나! 느껴지는 부분이었습니다. 엄마의 강인함 덕분에 저는 자립적으로 성장할 수 있었습니다. 불편한 마음을 글로 쓰는 습관이 생겼습니다. 책으로 도망갔고 글로 나를 세우는 것을 생활화했습니다. 그 시절의 고통이 지금의 나를 만들었습니다.

감사일기를 작성하면서 엄마의 사랑을 알게 되었습니다. 매일 적다 보니, 어린 시절 장면이 떠오르고, 무의식적으로 느꼈던 표현들이 생각났습니다. 때로는 평소 쓰던 부정적인 언어가 계속 표현되는 것을 눈치챘습니다. 글 속에 무의식 감정이 녹여져 있다는 것을 알아차렸습니다. 의식적으로 감사일기로 써가면서, 해독과 정화의 표현을 통해 자존감 회복을 했습니다. 독서량을 늘리고, 오늘의 한 문장을 찾아 감사의 씨앗을 뿌리기 시작했습니다. 점점 책 속에서 얻은 긍정의 단어가 몸에 쌓이면서 회복 탄력성이 생겨나기 시작했습니다. 감사의 글을 통해 "내 삶의 변곡점"을 느꼈습니다. 아이들에게 집중했습니다. 남편에게 감사의 눈빛을 보냈습니다. 차츰 감사일기 한 줄로 인생이 달라지기 시작했습니다.

주변에 책을 통해 얻은 지식을 나누기 시작했습니다. 감사를 통해 삶을 대하는 태도에 변화를 일으켰습니다. 아들은 운동선수로 부상 중에 긍정의 대화를 할 수 있었던 것은, 관점의 변화였습니다. 삶에서 피해자가 아니라 주인이 되어 주도적으로 살 수 있었습니다. 〈빅맘의 북테라피〉 감사일기

루틴은 삶을 회복하고 자신을 완성 시키는 도구가 되었습니다. 과거의 제가 회복을 얻어 완성하듯 도반들 역시 감사일기를 통해 삶을 회복하고 완성시키는 도구가 되었습니다. 과정을 글로 브랜딩하는 '승하 책방' 글쓰기 코치를 함께합니다. 책으로 삶을 회복하고 글로 나를 완성하는 〈빅맘 위즈덤 스쿨〉 브랜딩이 시작되었습니다.

과거 엄마와 전화했던 순간으로 돌아갈 수는 없습니다. 이제는 꿈에서라도 만나면 친절하게 엄마의 마음을 헤아려 줄 수 있습니다. 엄마가 돌아가신 지 16년 만에 2025년 8월 파묘했고, 납골당에 모셨습니다. 눈 감을 당시 미안했을 엄마의 마음을 이제는 알아갑니다. 고맙습니다. 제가 사랑받았다는 큰딸이란 사실이 세상을 보듬고 나누고 살 의미가 됩니다. 자녀들에게 받은 사랑을 표현하려고 애쓰고 있습니다.

우리 삶은 유한하기에 오늘을 충실히 살아가며, 매일 감사일기를 작성합니다. 감사의 습관이 인생 기적의 순간을 만났습니다. 〈빅맘 위즈덤 스쿨〉 안에서 함께 감사를 나누는 분들 역시 과거의 삶에서 벗어나 오늘을 충실히 살아갑니다. 환경이 바뀌어 가능한 감사가 아닌 나의 마음이 변화되었을 때 내면 깊은 곳에서 풍요로움을 가져다준다는 사실을 이제는 체험하며 살아갑니다.

감사일기 세 줄이 인생의 작은 변화를 시작합니다. 일상을 여행처럼 글을 쓰기 시작합니다. 그 글이 모여 나다움을 만들어 가고 있습니다. **감사일기는 '나다움'을 찾게 하는 축복의 도구입니다.** '승하 책방'에서 감사에 대한 글을 브랜딩할 수 있어 감사합니다.

| 3 |

감사가 문해력을 만나다

"고통은 나를 무너뜨리지 않았다. 오히려 나를 새롭게 만들었다."
- 오프라 윈프리

"우리가 가진 것에 감사하지 않는다면, 우리가 무엇을 가지든 충분하지 않을 것이다." 19세기 미국의 거장으로 알려진 헨리 워드 비처의 말입니다. 새로운 하루가 시작될 때 오늘 누군가는 나의 마음을 슬프게 할 수도 있고, 화가 나게 할 수도 있습니다. 아니면 생각지도 않은 변수가 발생 될 수도 있습니다. 일어난 일은 예방할 수 없지만, 일이 발생했을 때 우리의 감정을 단단하게 키운다면 수월한 대응을 할 수 있을 것입니다.

아침마다 〈빅맘의 북테라피〉 오픈 단톡방에는 도반들 각자의 감사일기가 올라옵니다. 일기는 자신만 보는 것이지만, 다년간 꾸준히 책을 읽은 문해력으로 도반님들의 무의식 언어를 세심하게 조율하는 일을 하고 있습니다. 도반들 자체도 미처 알지 못하는 무의식 언어를 알아차리고 새롭게 제안을 하기도 합니다. 또는 새로운 관점의 시선을 제안하기도 합니다. 저의 강점을 잘 활용하므로, 아침을 감사라는 가장 강력한 에너지로 채우는 시간으로 만들어 갈 수 있었습니다. 전날 밤 하루 중 있었던 일들을 생각하고 마무리하는 감사일기로 마무리하면 잠자는 동안 우리의 무의식은 지친 하루보다 감사라는 감정을 가지고 마무리합니다. 덕분에 좋은 감정을 가지고 숙면 취하고 일어날 수 있습니다.

아침에 눈을 뜨고 새롭게 마주하는 첫 문장이 감사 문장입니다. 햇살이 창가를 비추는 따스함, 커피를 내리는 향기의 고마움, 사랑하는 자녀들의 미소, 심지어 나를 불편하게 했던 상황에서 배움의 끈을 놓지 않고 삶의 다양한 측면을 바라보는 감사가 있습니다. 감사일기 안에 유연한 생각을 가질 수 있도록 안내드리는 것이 저의 목적입니다. 과정 속에서 삶을 바꾸는 하루 첫 생각이 인생을 풍요롭게 만들어 주었습니다.

처음 감사일기를 시작하는 분들은 무엇에 감사해야 할지 막막해하셨습니다. 하지만, 꾸준히 감사의 대상을 찾으면서 작은 것에도 감사하는 마음이 생겼습니다. 자신의 감정을 들여다보고, 감정의 언어를 익히면서, 과거를 통해 용기를 가지게 되었습니다. 과정을 글로 표현하고 상처입은 자신을 인정하며 토닥이는 시간을 보내기 시작했습니다. 하루 첫 생각을 감사로 반복하면서 자존감의 회복을 느끼고 함께 성장하는 시선을 선물 받았습니다. 함께하는 도반들과 감사일기를 보면서 상대적으로 나의 아픔처럼 공감하시고 위로해 주셨습니다. 기록을 통해 자신은 물론 세상을 이해하게 되었습니다. 선한 영향력을 만들고 싶다는 자신감과 회복 탄력성을 만들어 가기 시작했습니다. 눈에 띄는 보상이 바로 보이지도 않습니다. 그래서 때로는 마찰을 일으키기도 합니다. 하지만, 감사일기를 나눈 지 4년이 넘어가고 있습니다. 그 안에서 성장하고 가정을 단단하게 만들고 있습니다. 엄마가 바로 서고 자녀들에게 길 안내자 역할을 하고 있습니다.

아침마다 온 정성을 담아 진심으로 한 분씩 피드백해 드리고 있습니다. 가장 기분 좋을 때, 은행나무 아래서 상상하고 도반들의 존재를 통해 '감사합니다.'를 반복합니다. 감사한 마음으로 이야기하니, 커뮤니티의 가장 강력한 성장 동력이 되었습니다. 서로에게 진심 어린 피드백을 주고받는 과정에서 도반님들의 시선이 변화되고 있습니다. 시너지가 다음으로 성장하는 원동력이 되고, 저 역시 행복하고 따스한 모습을 보면서 단련되고 있습니다. 피드백을 통해 성장하는 도반님들의 경우는

첫째, 관점의 확장입니다. 자신이 매일 쓰는 무의식 언어를 직접 알아차리지 못했던 것 표현의 정의를 통해 각자 감사 근육을 단련시켜 가는 과정은 축복입니다.

둘째, 잘하셨을 때 공감해 주고 힘드실 때 응원의 지지를 보내고 있습니다. 과거 자신은 힘들 때 동굴을 찾아 몇 달이고 세상과 단절했던 분들이 이제는 근처만 갔다가 오신다는 표현으로 고마움을 나타내주시고는 합니다. 처음부터 다 표현하지 않으십니다. 사생활이기에 용기를 냅니다. 하지

만, 이 과정에서 제가 아는 범위 내에서 관련 근거를 제시하고 책을 추천해 드리고 있습니다. 각자 책에서 소중한 한 문장을 찾고 적용하시면서 성장하는 모습을 보는 것은 축복입니다.

셋째, 성장의 가속화입니다. 매일의 피드백으로 자칫 나태해지려는 마음을 다잡고 나가신다는 표현을 해 주십니다. 꾸준히 감사일기를 작성하므로 동기 부여가 되고 기록하는 동안 자신의 감정을 들여다보면서, 함께 성장하는 힘을 느낀다고 표현해 주시는 도반님 덕에 행복합니다.

물론 매번 좋은 마음이 아닐 때도 있습니다. 저도 사람이기 때문입니다. 그 경우 마음을 솔직히 오픈합니다. '지금부터 불편한 이야기를 해드립니다. 어디까지나 의견입니다.'라는 말과 의견을 드립니다. 판단은 도반님들의 몫입니다. '그렇구나!' 느끼는 분들은 자신의 삶에 변화를 주고, 불편한 감정이지만, 강해집니다. 물론 반대의 경우도 있습니다. 저에게 아픔을 주고 가신 분들도 있습니다. 처음에는 이런 상처가 익숙하지 않아, '계속 이 피드백을 해야 할까?' 고민이 된 경우도 많았습니다. 하지만, 성장하는 도반님들이 대부분이라 지금은 조심스럽지만, 책과 관련하여 혹은 경험과 관련하여 다른 시선을 선물이라 생각하고 드립니다. 도반님들과 상호 작용 속에서 단순히 감사하는 것은, 배움을 넘어, 서로 존중하고 함께 성장하는 공동체의 가치를 가지게 됩니다.

〈빅맘 위즈덤 스쿨〉은 개인의 성장이 곧 우리 모두의 성장임을 알고 응원하는 선순환을 만들어 갑니다. 이제 이곳은 함께 성장하는 커뮤니티가 되어 가고 있는 것입니다. 여기서 멈추지 않고 한 걸음 나아가 감정 치유 경제 커뮤니티를 만들어 가고 있습니다. 경제는 숫자와 데이터의 영역처럼 보이지만, 기저에는 인간의 욕망, 두려움, 희망 등 다양한 감정들이 서로 엉켜 있습니다. 불안감에 무리한 투자를 하거나, 비교하는 마음에 충동적인 소비를 하는 등 우리는 종종 감정에 휘둘러 비합리적인 선택을 하고는 합니다. 이곳을 처음 찾는 사람들 중에는 과거의 상처를 안고 오는 경우가 있습니다. 이러한 마음 치유가 선행되어야 상위 단계로 올라갈 수 있다는 것을 지난 4년의 커뮤니티를 통해 그리고 저의 일상을 통해 알아차렸습니다. 마음의 평정심은

'어떻게 경제적 안정과 풍요로움으로 연결할 수 있는가?'

이 부분을 다루고 있습니다. 예를 들면, 불확실한 경제 상황 속에서 막연한 불안감을 휩싸이기보다, 현재 내가 가진 것에 감사하고, 작은 것에서부터 만족감을 찾는 연습을 합니다. 매일 연습을 실행하기 위해 물건의 욕심을 버리는 것을 알아차리기 위한 챌린지를 진행합니다. 도반들 스스로 물건에 욕심과 가치를 발견하는 과정을 만들어 가고 있습니다. 또한, 나눔과 봉사를 통해 얻는 감정은 타인과의 관계를 풍요롭게 하고, 긴 안목에서 더 큰 사회적, 경제적 가치를 창출할 수 있음을 느끼고는 합니다. 과제 속 루틴을 하며 인증합니다. 자신의 속도로 나아가는 방향을 제시하고 있습니

다. 혼자라면 시도조차 할 수 없었던 과정을 함께합니다.

돈과 나 그리고 세상과의 관계를 감사로 연결합니다. 건강한 경제관념을 만들어 가는 것은 사명이고 비전이 되었습니다. 도반들의 성장하는 시선을 통해 포용력과 회복 탄력성, 풍요로움을 직접 보고 함께 성장할 수 있습니다. 감사일기는 개인의 내면을 치유하고 함께하는 공동체 속에서 성장을 경험합니다.

감사는 행복입니다. **함께 성장하는 도반들의 시너지는 마음의 공동체를 만들어 갑니다.** 개인의 힘은 미약하지만, 함께 성장하는 힘은 위대합니다. 우리가 가진 것에 감사하면서 지금 충만하고 풍요로운 느낌은 진정 감사일기의 힘입니다. 함께해 주신, 그리고 앞으로 만나는 귀한 인연에 감사합니다. 오늘도 충만한 감사로 하루를 시작하겠습니다.

| 4 |

매일의 기적을 경험하다

"기적은 특별한 날 일어나는 것이 아니라, 매일의 일상 속에 숨어 있다."
- 파울로 코엘료

탈무드 격언 중 **"가장 행복한 사람은 항상 감사하며 사는 사람이다."** 했습니다. 도반들은 처음 감사일기 쓸 때 3가지를 적는 시간이 3시간이 걸렸다는 분들도 있었습니다. 그만큼 우리의 무의식은 강합니다. '감사합니다.'를 생각하니 지금은 일상이 되었다고 합니다. 단톡방에는 하루 첫 생각의 감사가 넘칩니다. 읽다 보면, 감사를 발견하는 눈이 보석같이 빛납니다.

매일 감사일기 쓰기가 힘들다는 분들도 있습니다. 미국의 여류 작가 델마 톰슨의 『빛나는 성벽』은 장 웰치 반 오켄의 실화 회고록인 『심각한 자비』에 등장한 내용을 알려주고 있습니다. 2차 세계 대전 군인으로 사막에 간 그들은 힘든 환경을 탓하며 아버지에게 편지를 보냈습니다. 아버지 답장에는

"두 남자가 감옥 창살 사이로 밖을 내다보았다. 한 명은 진흙을 다른 한

명은 별을 보았다."

"Two men looked out through prison bars. One saw mud, the other stars."

아버지는 『A Severe Mercy』 19세기 프레드릭 랭브리지 시에서 비롯된 구절을 편지에 인용하여 보냈습니다. 그 후, 그들은 사막을 변화시킨 것이 아니라, 짧은 편지 속 깨달음을 통해 믿음과 철학, 사랑의 방식에 변화를 가져왔습니다. 바라보는 시선을 바꾸고 비참한 경험이 가장 흥미로운 인생으로 된다는 것을 깨달았습니다. 이처럼 감사는 환경이 아니라 내면의 시선과 해석으로 충분히 바꿀 힘이 있다는 것을 깨달아 가는 과정입니다. 한때, 남편에게 서운했던 마음이 감사한 마음으로 변화되면서 함께 곁에 있는 존재 자체가 귀하다 생각이 들었습니다. 힘들고 때로는 괴로운 일도 함께라서 버틸 수 있는 부부라 감사했습니다.

함께 아침마다 감사일기를 나누는 도반님들의 삶도 비슷합니다. 지난 2년 넘게 나누는 일기 속에는 그분들의 환경이 크게 바뀌거나 달라진 것 아니라, 바라보는 시선을 바꾸고 행동으로 선한 나눔을 실천하고 있습니다. 같은 환경이지만, 바라보는 시선을 다르게 하므로, 자기 자신에 대해 고유하고 소중한 존재 가치를 알아차리기 시작합니다. 자신에게 행복의 가치를 부여한 분들은 세상을 바라보는 시선이 따스합니다. 감사할 일이 있어 감사하는 것이 아니라 감사하니 주변이 다 감사의 모습으로 변화되었다고 말

쓴하신 도반님들의 글을 세상에 남깁니다.

우리 각자는 마음속 행복의 씨앗이 잠들어 있습니다. 감정에 몰입되어 있던 환경을 감사일기를 통해 긍정의 변화를 가져오고 습관으로 몸에 익숙해 지면서 감사 어휘력이 늘어 갑니다. 감사 어휘력은 생활 습관, 언어 습관, 마음 습관을 한 번에 바꿔줍니다. 처음에는 오래된 습관이 쉽게 바뀌지 않습니다. 매일 아침 나눔으로 언어를 교정하고 의도적인 노력을 꾸준히 합니다.

『인생을 바꾼 오늘도 독서 완료』책에는 〈빅맘의 북테라피〉독서 모임을 통해 매일 독서 하는 삶이 어떻게 바뀌었는지 전했다면 이번 책에서는 감사가 우리 인생에 매일의 기적을 부르는 인생 혁명을 이야기하고 싶었습니다.

감사일기를 통해 삶이 변화하는 과정은 크게 3가지 단계입니다.
첫째, 일상에서 감사하는 사건이나 언어를 발견하는 것부터 시작합니다. 같은 환경 안에서 감사를 발견하는 힘을 키우고 서로 응원합니다. 부정을 극복하고 긍정의 마음을 만들어 삶의 조화와 균형을 만들어 가는 것 첫 번째 관문입니다.
둘째, 감사의 변화입니다. 언어 습관, 생활 습관, 관계 습관을 조화와 균형으로 변화를 만들어 갑니다. 있는 그대로 자신을 인정하고 어린 시절부터 사용했던 언어의 본질을 알아가는 시간입니다. 이때 꼭 필요한 것은 독서력입니다. 어린 시절 부모에게 듣던 익숙한 단어가 변화되기 위해서는 독서를 통해 원인과 본질을 알아야 합니다. 혼란스럽습니다. 내 안의 무의식과 싸워야 하기에, 쉽지는 않습니다. 부정의 마음이 올라오기도 합니다. 지금까지 존재했던 세상과 마주하면서 자신과 싸움에서 이기는 순간들도 있습니다. 과정에서 '자존감'이 형성됩니다.

셋째, 감사 습관이 형성됩니다. 의식적인 행동과 새로운 습관이 자리 잡아가고 삶과 세상을 바라보는 조화로운 균형을 만들어 가면서 삶에 정신과 생각이 하나로 일치되는 경험을 합니다. 과정에서 우여곡절을 겪기도 하고 이전의 습관으로 돌아가고 싶은 충동감도 느껴집니다. 매일 감사를 나누는 도반들의 힘으로 하루를 감사하며 응원하고 삶의 균형을 만들어 가는 과정이 〈빅맘의 북테라피〉 안에 있습니다. 혼자라면 쉽게 이전의 모습으로 돌아가지만, 각자 삶에서 겪는 세상을 새로운 시선으로 바꾸고 무한 감사를 삶에 깊숙하게 데리고 옵니다.

습관은 연습의 산물입니다. 매일 좋은 것을 상상하며 하루 시작을 시각화합니다. 아침 확언으로 문을 열고 있습니다. 어느덧 감사일기를 작성한 지 8년이 되어 갑니다. 과정에서 우여곡절은 늘 있었습니다. 사서삼경 가운데 하나인 『대학』에 나오는 '수신제가 치국평천하'처럼 자신을 다스리고, 집안을 가지런히 한 후 주변을 돌보면 천하가 화평해진다는 이야기를 실천합니다. 혼자가 아니라 도반들과 감사일기를 나누면서 자존감이 올라가고 주변에 선한 영향력을 나누는 모습을 봅니다. 각자의 꿈을 가지고 용기를 내서 한 걸음 나아가는 것 봅니다. 주어진 꿈을 매일 실천하고 감사하다는 이야기를 합니다. 매일 감사의 마음으로 하루를 시작합니다. 이분들의 3년, 5년 후 미래가 기대됩니다.

알베르트 아인슈타인의 *"성공한 사람이 되려고 하지 마라. 그보다는 가치 있는 사람이 되려고 하라."*라는 말처럼 가치 있는 삶을 만들어 가고 있습니다. 주부로, 직장인으로, 프리랜서 강사로, 때로는 엄마로 성장하고 가치 있는 사람이 되어 갑니다.

도반들의 삶을 통해 함께 가치를 상승시키고 꿈을 글로 세공하는 연금술사가 되었습니다. 앞으로 가슴속에 있는 원석을 글로 세공해서 세상에 가치 있는 보석이 될 수 있도록 동반성장을 꿈꿉니다. 〈빅맘 위즈덤 스쿨〉 안에서 함께 성장하고 동행해 주시는 도반들과 감사를 나누는 아침은 고난조차 포용하는 근력을 키웁니다. 인생은 세상에서 자신을 가장 큰 피해자로 만들 수도 있고 자신을 가치 있게 만들 수 있습니다. 선택은 내 안에 있습니다. 가치 있는 삶을 응원하며 감사의 마음을 나눕니다.

지난 시절의 고통은 나를 무너뜨린 것이 아니라, 지금의 나를 빚어낸 힘이었습니다. 감사는 내 삶을 회복하게 했고, 글쓰기는 나다움을 찾게 했습니다. 이제 저는 혼자가 아니라 함께 성장하는 길 위에 서 있습니다. 〈빅맘 위즈덤 스쿨〉은 감사가 공동체의 울림으로 확장되는 곳입니다. 오늘도 승리하는 하루, 우리는 감사로 하루를 충실히 그리고, 내일을 함께 만들어 갑니다.

하루 끝 감사일기

오늘도 승리하는 하루 감사일기

1. 아침 등굣길, 막내 쭌과 함께 학교에 갑니다. 함께 산책하며 세계 로봇 상하이 대회에 가지 않는 이유에 대해, 물었습니다. 아들은 생각이 많습니다. 걱정도 있고 새로운 도전이라 불안해 보이기도 했습니다. 완벽주의일까. 헤어진 후 국가대표로 캐나다 전지훈련 가 있는 큰아들과 통화했습니다. "쭌 상태가 지금 이래. 너라면 어떤 결정을 내릴래?" 물어보니 그게 물을 거냐고 반문합니다. "엄마 예전 같으면 무조건 엄마가 결정하고 일 처리 했는데 왜 쭌 의견에 집중"하냐고 합니다. "그랬지. 부모 눈에는 이 길이 맞는 것이라고 제시했는데 그래서 힘들었다고 늘 이야기했잖니. 이번엔 좀 바꾸는 중이다." 했습니다. 큰아들이 웃습니다. "그때 철이 없고 객기만 있어 이야기한 거죠. 그 시절의 제가 있기에 지금 큰 꿈을 꿉니다. 그냥 엄마 하시던 대로 하세요. 살아보니 엄마 말이 좋은 방향으로 안내했어요." 우와, 아들이 이야기하니 큰사람 같습니다. 그래도 형이니 동생에게 카톡 넣어 설득해 주라는 부탁을 들어준 큰아들 감사합니다. 결국, 쭌은 형의 문자 하나로 '오케이~' 1월 상하이 컵 국제 대회에서 좋은 경험할 기회가 생겨 감사합니다.

삶을 바꾸는 하루 첫 생각

2. 쭌과 헤어진 후 카페에 갔습니다. 집에 오면 매일 일을 해 일주일 1회 이상은 카페 가서 책을 읽고 오는 루틴을 만들고 있습니다. 감사하게도 도반님이 쿠폰을 보내줘 스타벅스 가서 자리 잡습니다. 도반들의 글 속에서 카페는 구석이라고 했던 기억이 있어 난생처음 구석에 자리 잡고 1시간 30분 밀도 있게 책을 읽습니다. 예전에 카공족을 이해 못 했는데 몰입도 짱입니다. 이 맛에 카페 오는구나. 이른 아침이라 사람도 없고, 감사합니다. 오전 10시 전에 오늘 루틴 50% 클리어~ 감사합니다.

3. 안방에 기상 인증해 주시는 도반님들 감사합니다. 바빠도 책을 통해 삶을 세우는 분들이 많았으면 좋겠고 그런 분들이 함께 만드는 세상이 아름다웠으면 좋겠다. 생각했습니다. 안방에 새로운 분들도 독서 인증하고 삶에서 단단함을 세우고 있다고 생각하니, 감사합니다. 챌린지 방이 후끈합니다. 저녁이면 루틴을 실행하시는 도반님들 덕분에 나태해지는 마음이 다시 일어서게 돕습니다. 늘 바쁜 일상 속에서 응원해 주시는 모든 분이 감사합니다. 주변이 열정적으로 삶 속에서 주인으로 사시는 분들로 채워져 가니 감사하고 고맙습니다.

마인드 코치 빅맘 확언 3문장

1. 나와 도반들의 가치를 상승시키고 그들의 꿈을 글로 세공하는 연금술사가 되었다.
2. 배당금이 복리와 시간의 가치로 점점 늘어났다.
3. 다양한 경로로 점점 더 많은 돈이 들어왔다.

마치는 글

**40대 상실의 주인공이 아니라, 감사를 그리는
동화책 작가 박선영** 책 읽는 피카소

행복을 찾아 방황하다 지금의 저를 만났습니다. '이번 생은 글렀어!'라고 생각했던 과거와는 다르게 지금도 행복하지만, 내일은 다른 설렘이 있을 거라고 믿습니다. 행복한 꿈을 그리며 퍼즐의 작은 한 조각을 맞출 때처럼 큰 기쁨을 만끽하고 있습니다. 변화의 시작은 감사일기입니다. 운동을 싫어하던 제가 매일 달리다 보니 바람과 친구가 되었습니다. 작은 일에 당신만의 감사의 언어를 붙여 보세요. 새로운 친구를 만날 거예요. 저처럼요!

**40대 무기력한 주부에서 감사로 삶의 주도권을 되찾은
작가 오혜란** 꾸리는 책배기

기회는 기다리면 오는 것이 아니라 스스로 만들고 찾아 나설 때 보인다는 것을 깨달았습니다. 이제 시작하는 단계일 뿐인데 감사와 독서로 단단해진 자신을 보며 큰 힘을 얻고 있습니다. 변화하고 싶다면 가장 작은 단위부터

행동하면 됩니다. 그리고 오늘을 행복하게 계획하세요. 행복한 오늘이 충실히 살아낸 과거가 되고 설레는 미래를 만들어 줍니다. 감사로 시작하고 감사로 마무리되는 하루는 행복으로 가득 찬 아침을 선물해 줄 것입니다.

50대 감사로 평화로운 가정을 세우는 따뜻한
작가 설보영 설담온

'나를 안다.' 착각하며 살았습니다. 아픈 상처는 덮어버리기 급급했다는 것을 뒤늦게 아이를 통해 알게 되었습니다. 부모가 되기 전 내가 누구인지 알고 부모 교육이나 육아서를 읽고 적용하시길 적극적으로 권하고 싶습니다. 잔소리와 다그침 대신 기다림과 다독임을 배우고 있습니다. 감사로 가정의 온기를 되살리려고 노력 중입니다. 저에게 감사일기는 단순한 기록이 아니라 자신을 돌아보게 하는 거울이자 변화의 힘이 되었습니다. 삶의 소중한 순간 감동하고 평화로운 가정을 만들어 가는 것이 저의 비전입니다.

50대 암을 극복한
작가 고현숙 수퍼23

암 수술을 받으며 '살려만 주시면 지치고 아픈 사람들의 손을 잡아주는 사람이 되겠다.'라고 다짐했었습니다. 150일 전에 시작한 새벽 기상과 함께 감사와 독서를 생활화하게 되었습니다. 책 속의 멘토들 덕분에 용기와 해답을 얻었듯이 저도 그런 사람으로 살고 싶습니다. 저에게 글쓰기는 세상을 향해 내미는 손이며 꿈을 실현하는 방법입니다. 저의 꿈을 이뤄 준 책을 통해 세상에 이로움을 함께하겠습니다.

50대 무너진 자존감을 글쓰기로 다시 세운
작가 배영선 생글이

저는 과거의 선택을 현재로 끌어와 삶에서 좌절과 원망하면서 지냈습니다. 감사일기를 쓰고 현재 상황을 알게 되었습니다. 자신을 발견하면서 나다움을 찾았습니다. 긍정적인 생각으로 선택과 책임을 배우며 매일 1%씩 성장하고 있습니다. 여러분의 감사 창고에도 긍정의 말이 가득 채워졌으면 좋겠습니다. "그래, 행복은 내가 만드는 거야." 오늘도 확언을 외치며 당당하게 시작하는 하루가 되길 응원합니다.

40대 성과 중심의 리더십에서 품격 중심의 리더
작가 김근아 품격 있는 리더

열심히 살아가는 것이 인생의 답이라 생각했습니다. 방향을 잃고 열심히 사는 삶은 되려 방황과 번아웃을 가져왔습니다. 〈빅맘 위즈덤 스쿨〉을 만나고 나의 삶의 해답을 찾기 위해 매일 감사일기와 독서를 합니다. 나답게 살기 위한 과정에서 기쁨, 슬픔, 행복, 고통 등의 시간을 마주합니다. 만나는 감정들을 감사라는 언어로 해석하여 모든 것이 선물과 축복이라는 긍정의 언어로 만나고 있습니다. 평범한 일상이 알록달록 무지개로 물들어 갑니다. 성과 중심에서 함께 성장하는 가치를 발견했습니다. 품격은 내 안에서부터 시작되었습니다.

**40대 감사와 공동체를 통한 삶을 새롭게 디자인한
작가 김장희** 고로고로

네 번의 큰 수술을 겪으며 건강과 삶의 소중함을 깊이 깨달았습니다. 비혼으로 살아온 독립의 길에서 외로움도 있었지만, 그것은 새로운 길을 찾는 계기가 되었습니다. 〈빅맘 위즈덤 스쿨〉에서 만난 도반들은 저에게 선택한 가족이자 삶의 든든한 지지자입니다. 감사일기를 통해 몸과 마음의 회복을 경험하며, 삶을 새롭게 디자인할 용기를 얻었습니다. 이제 감사와 공동체를 혼자가 아닌 함께하는 길에서 희망을 전하는 작가로 살겠습니다.

**40대 감사와 사랑을 바탕으로 재정, 가정, 자존감을 함께 성장시킨
작가 박혜란** 온새미로

내가 나를 사랑할 때 성장한다는 것을 깨달았습니다. 〈빅맘 위즈덤 스쿨〉에서 1년 8개월 동안 과거를 흘려보내며 현재를 살아가고 꿈을 꾸고 있습니다. 무엇이 하고 싶은지조차 모르고 살았던 삶이었습니다. 감사일기를 쓰며 당연하다고 생각했던 모든 것들이 감사했습니다. 바람에 흔들리는 나뭇잎도 감사하고 신비로웠습니다. 인생의 꽃 피는 시기는 다릅니다. 풍요로운 마음으로 시작된 하루는 인생의 기적입니다.

50대 시련을 마라톤으로 증명한
작가 이미주 이루다

솜사탕 같은 말이 좋아 한국에 왔습니다. '엄마'라는 이름표 뒤에 숨은 위대함을 배웠습니다. 삶이 주는 시련을 아무런 저항감 없이 허락했습니다. '마음'을 알고 꺼내는 용기와 작은 실천을 선물 받았습니다. 삶의 시련은 나를 멈추게 하지 않았고, 마라톤으로 그 길을 증명했습니다. 땀과 눈물 속에서도 감사는 나를 다시 일으켜 세운 큰 힘입니다. 이제 선한 영향력을 나누며 더 많은 이들의 길에 빛이 되고자 합니다.

50대 세련된 전략에 우아한 울림을 더하는
작가 오승하 마인드 코치 빅맘

저는 곁에서 함께 성장한 조력자입니다. 도반들의 쓰러짐을 감사로 일으키고, 상처를 기적으로 바꾸는 순간들을 가까이에서 지켜보았습니다. 열 명의 이야기는 누군가의 기록이 아니라, 모두의 삶을 비추는 거울이었습니다. 감사는 고통의 짐이 아니라 자산으로, 고독은 벽이 아니라 연결하는 다리로 바꿔주었습니다. 각자의 마음속 원석을 보석 같은 글로 다듬는 세공사가 되었습니다. 마인드 코치 빅맘 오승하로 이 길을 함께 걸어올 수 있어 작가님들에게 감사합니다.